Walter Schels

Das offene Geheimnis

Neugeboren – altgeboren
Was Gesicht und Hände eines Menschen verraten
Welche Anlagen und Eigenschaften
lassen sich erkennen

Mosaik Verlag

Der Mosaik Verlag ist ein Unternehmen
der Verlagsgruppe Bertelsmann

© 1995 Mosaik Verlag GmbH, München / 5 4 3 2 1
Redaktion: Sigrid Bleuel und Ulrike Erbertseder
Grafische Gestaltung: Noëlle Thieux
Umschlaggestaltung: Martina Eisele
Satz: Atelier Noëlle Thieux, München
Reproduktion: Artilitho, Trento
Druck und Bindung: Alcione, Trento
Printed in Italy
ISBN 3-576-10400-3

INHALT

GEBOREN WERDEN

Seite 9

DAS OFFENE GEHEIMNIS

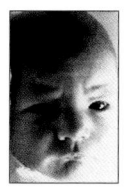

Seite 19

GESICHTER UND GESCHICHTEN

Seite 73

LEBENSLINIEN

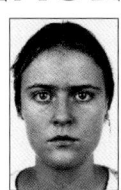

Seite 99

ANFANG UND ENDE

Seite 153

Das Schönste, was wir erkennen können,
ist das Geheimnisvolle.
Es ist das Grundgefühl, das in der Wiege
von Wahrheit, Kunst und Wissenschaft steht.
Wer es nicht kennt
und sich nicht mehr wundern
und nicht mehr staunen kann,
ist sozusagen tot und seine Augen erloschen.

Albert Einstein

VORWORT

Dieses Buch ist das Ergebnis einer Neugier und einer sehr persönlichen Suche. Ich habe vieles fotografiert: Mode, Wahlplakate, Autos, die Erde aus der Luft – und immer wieder Menschen, die mich am meisten faszinierten. Vor allem aber Gesichter. Nicht die schönen – geschönten – Gesichter der Modefotografie, sondern die ungeschminkten, die echten. Ja, sogar die scheinbar unbewegten, denn auch Mimik, besonders das Lächeln, kann Ausdruck sein für Gefallen-, Schönsein- und vor allem Anderssein-Wollen.

Unverstelltheit und Natürlichkeit erlebte ich hauptsächlich bei Babys und bei alten Menschen. Das Neugeborene ist *noch* selbstvergessen, der alte Mensch wird es allmählich *wieder*. Mich berührte die große Ähnlichkeit, die ich zwischen dem Gesicht eines neugeborenen Menschen und dem eines Greises entdeckte. Für mich ist sie ein bildhafter Ausdruck dafür, daß das Leben ein Kreislauf ist, der sich bei Geburt und Tod schließt.

Ich begann mich dafür zu interessieren, was sich in Gesichtern erkennen läßt. Ob und wie das Äußere eines Menschen mit seiner innersten Bestimmung zusammenhängt. Dabei stieß ich auch zwangsläufig auf die Frage der Vererbung. Jeder trägt Merkmale seiner Eltern, seiner Ahnen im Gesicht. Sind das gemeinsame Schicksalsanlagen? Kann es sein, daß wir unsere Eltern selbst gewählt haben? Daß wir selbst mitbestimmen, wann wir geboren werden?

Ich bin kein Wissenschaftler, sondern Fotograf und Künstler, habe nicht das Ziel, wissenschaftliche Beweise zu liefern. Meine Gedanken über das Geheimnis des menschlichen Gesichts, über die mögliche Bedeutung von Mimik und besonderen Merkmalen sind subjektiv und das Ergebnis sehr persönlicher Erfahrungen. Sie erheben keinerlei Anspruch auf Gültigkeit, sondern sollen als Anregung dienen für eigene Fragen, eigene Gedanken und vor allem für eigenes Hin-Schauen.

Walter Schels, Februar 1995

Geboren werden

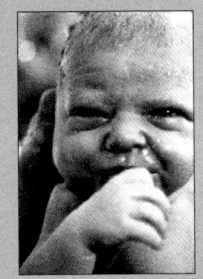

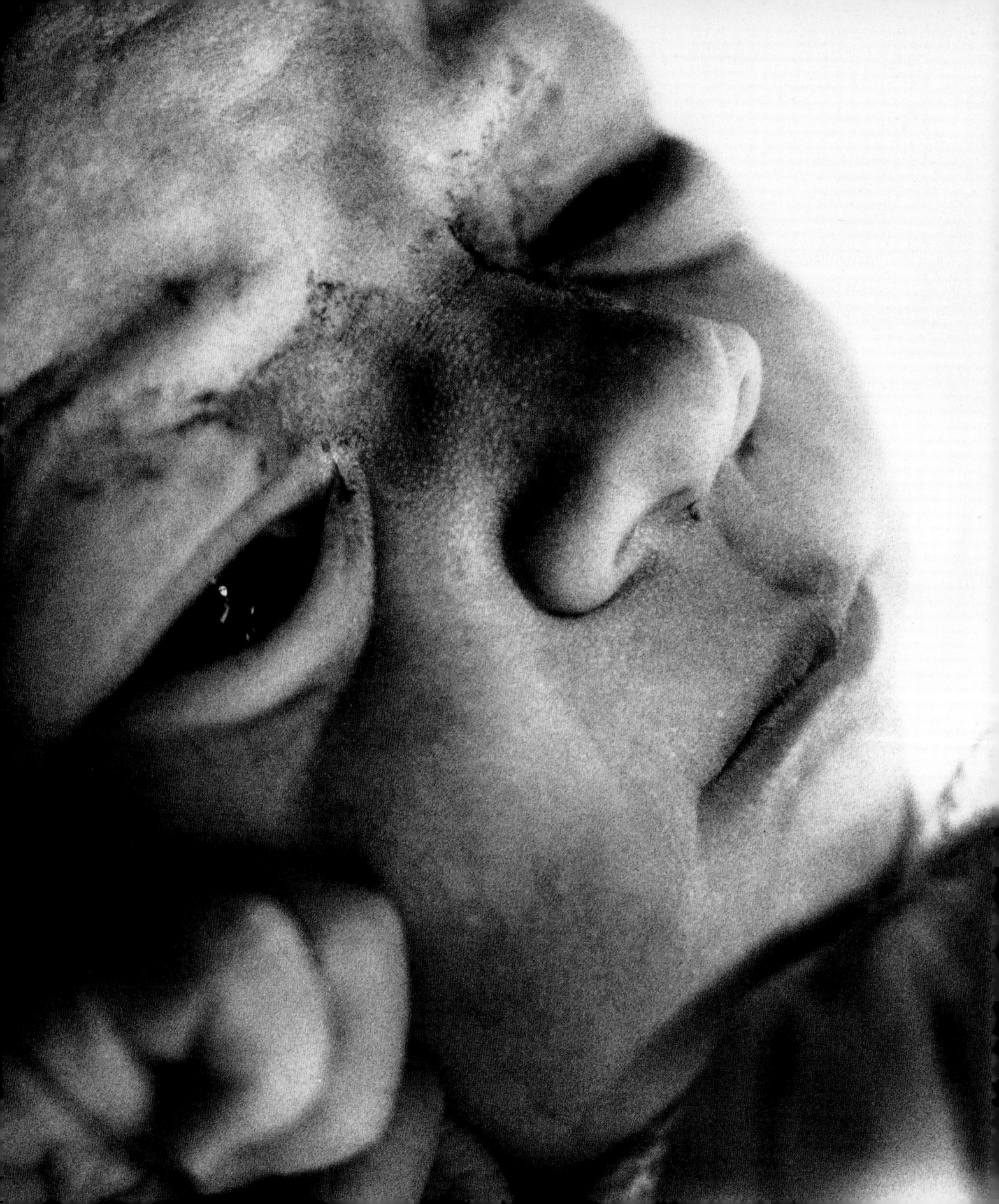

Das erste Gesicht

Vor gut zwanzig Jahren stand ich zum erstenmal in meinem Leben in einem Kreißsaal. Für eine große Elternzeitschrift sollte ich fotografieren, wie ein Kind zur Welt kommt, sollte möglichst jeden Augenblick davon mit der Kamera festhalten. Es war eine ganz normale Geburt, und wie damals üblich lag die werdende Mutter auf einer Art Operationstisch, umgeben von Instrumenten, unter eingeschalteten Scheinwerfern. Als ich kam, hatten die Preßwehen schon begonnen. Die Mutter, deren Erlaubnis zu fotografieren ich schon Wochen vorher eingeholt hatte, nahm mich nicht wahr. Sie wirkte hochkonzentriert, stöhnte, schrie. So unauffällig wie möglich versuchte ich zu arbeiten. Das Gesicht dieser gebärenden Frau berührte mich tief. Einen solchen Ausdruck – mit so viel Schmerz, aber auch Energie und Entschlossenheit – hatte ich nie zuvor in einem Gesicht gesehen. Endlich erschien der Kopf des Babys, zuerst nur eine Kugel mit nassen, verklebten Haaren. Mehrmals zog er sich nach dem Abklingen der Wehe wieder zurück. Dann zeigte sich auch die Stirn, der Arzt machte einen Dammschnitt, und wenige Sekunden später war der Kopf geboren. Blutverschmiert. Mit einem Schwall Fruchtwasser rutschte der ganze Körper heraus. Da lag der neue Mensch nun zwischen den Beinen seiner Mutter. Abnabeln, hochheben, der erste Schrei. Happy Birthday. Ganz kurz nur bekam die Mutter das Baby zu sehen, bevor es gewaschen, untersucht, angezogen und ins Neugeborenenzimmer gebracht wurde. Ich war hingerissen von der Veränderung in ihrem Gesicht. Soeben noch verzerrt in seiner Anstrengung – jetzt gelöst, schön, zufrieden. Diese Verwandlung faszinierte mich mehr als alles andere, aber eilig machte ich Aufnahmen vom Kind, von seinem ersten Erscheinen bis zum Abtransport in die Säuglingsstation. Später, beim Betrachten dieser Bilder, sah ich etwas, das ich in der Hektik nicht wahrgenommen hatte. Keine Spur von jenem niedlichen Gesicht, das wir bei einem Baby erwarten. Die Stirn gefurcht, der Mund leidvoll verzerrt. Da schaute mich ein Greis mit großen, wissenden, schmerzerfüllten Augen an. Wer war dieses Wesen? Woher kam es? Was fühlte es? Was wußte es? Ich wurde neugierig.

Neugeboren – altgeboren?

In den Jahren danach erlebte und fotografierte ich noch viele unterschiedliche Entbindungen: vom Kaiserschnitt, der Geburt von Sechslingen über die sanfte Geburt nach Leboyer bis zur Hausgeburt. Dabei wurde ich Zeuge, wie sich die Einstellung der Hebammen und Geburtshelfer mit den Jahren wandelte. Weg von der nur technischen, hin zu einer menschlicheren Entbindung, bei der mehr Rücksicht genommen wird auf die emotionalen Bedürfnisse von Mutter und Kind, aber auch auf die des Vaters. Ich konnte sehen, daß diese »sanften Entbindungsmethoden« zwar helfen, unnötigen Schmerz und Schock zu vermeiden – angenehm ist die Geburt fürs Baby trotzdem nicht. Jedenfalls sah ich in keinem einzigen Gesicht etwas anderes als Schmerz, manchmal sogar fast Entsetzen. Und dazu immer dieser merkwürdige, alte und wissende Ausdruck.

Welch ein dramatischer Unterschied zu den Gesichtern von Ungeborenen, die im Mutterleib mit speziellen Techniken fotografiert werden. Immer berührte mich an diesen Aufnahmen der Ausdruck von tiefem Frieden, von Eins-Sein. Das sollten dieselben Wesen sein wie jene Neugeborenen, die ich fotografierte?

Natürlich gibt es geburtsmechanische Ursachen für das verzerrte, zerknitterte, alte Aussehen von Babys, wenn sie in der Welt ankommen. Stundenlang wird der Kopf zuerst gegen den Muttermund gedrückt, der Körper durch die Wucht der Wehen rhythmisch zusammengepreßt. Dann kommt der anstrengende Weg durch den Geburtskanal, und an seinem Ende die noch zu enge Scheidenöffnung, die sich nur zögernd öffnet. Der Druck ist manchmal so groß, daß der Kopf des Babys in den ersten Lebenstagen davon deformiert ist. Aber auch Kaiserschnitt-Kinder, die im Vergleich zur normalen Geburt mühelos und schnell auf die Welt kommen, sehen nicht viel anders aus, obwohl sich hartnäckig die Behauptung hält, sie seien »hübscher«. Ich jedenfalls habe auch bei ihnen erst mal nie etwas anderes als dieses erschrockene Greisengesicht gesehen. Also kann es die physische Anstrengung des Geborenwerdens allein nicht sein. Was dann?

In unserer Kultur wird der Gedanke an den Tod gern verdrängt. Allein im Zusammenhang mit einem neugeborenen Baby davon zu sprechen, erscheint geschmacklos. Ich muß jedoch gestehen, daß ich keine Geburt miterlebt habe, bei der ich nicht auch an das andere Ende des Lebens gedacht hätte: an den Tod. Ich glaube, daß Geborenwerden und Sterben ähnliche Erfahrungen sind. Geburt ist wie ein Kampf um Leben und Tod, wird vielleicht von Todesangst begleitet, von Angst vor dem Neuen und Unbekannten. Von dieser Ur-Erfahrung ist das Gesicht des Neugeborenen ebenso gezeichnet wie das Gesicht des alten Menschen, der dem Tod nahe ist.

Was wissen Neugeborene?

Neben dem Schmerz war es immer auch die Weisheit in den Gesichtern, die mich bewegte. Das scheinbare Wissen über die großen Fragen unseres Lebens, woher wir kommen und wohin wir gehen. Am liebsten hätte ich diese kleinen, allwissenden oder alles ahnenden Wesen mit meinen Fragen bedrängt, Antworten von ihnen geholt, ehe sie anfangen zu vergessen. Denn das Vergessen beginnt, vermute ich, bereits in den ersten Lebensminuten. Es geht einher mit einer überraschenden Veränderung des Babys. Schnell findet sein Gesicht zu mehr Ruhe und Frieden. Wird glatter und wirkt erlöster. Bald läßt es erste Anzeichen erkennen von jenem süßen Ausdruck, den wir so lieben und der uns so angenehm berührt.

Aber warum vergessen wir, was wir wußten, bevor wir auf die Welt kamen? In der jüdischen Überlieferung heißt es, daß ein Engel dem Kind einen Nasenstüber versetzt, damit es ohne Erinnerungen auf die Welt kommt. Die Spalte zwischen Nase und Mund sei davon geblieben.

Diese Fragen haben mich nie wieder losgelassen. Sie brachten mich dazu, Gesichter noch genauer anzuschauen und über Schicksal und Bestimmung nachzudenken. Ich begann Horoskope der Kinder zu erstellen, deren Geburt ich fotografierte. Ich wollte mehr über Wesen und Anlagen der Neugeborenen erfahren. So wurde mein erstes Erlebnis einer Geburt auch für mich selbst zu einer Art Neugeburt.

Die Fotos auf den folgenden Seiten zeigen die Gesichter neugeborener Babys, aufgenommen in der allerersten Lebensminute und etwa fünf, zehn Minuten später.

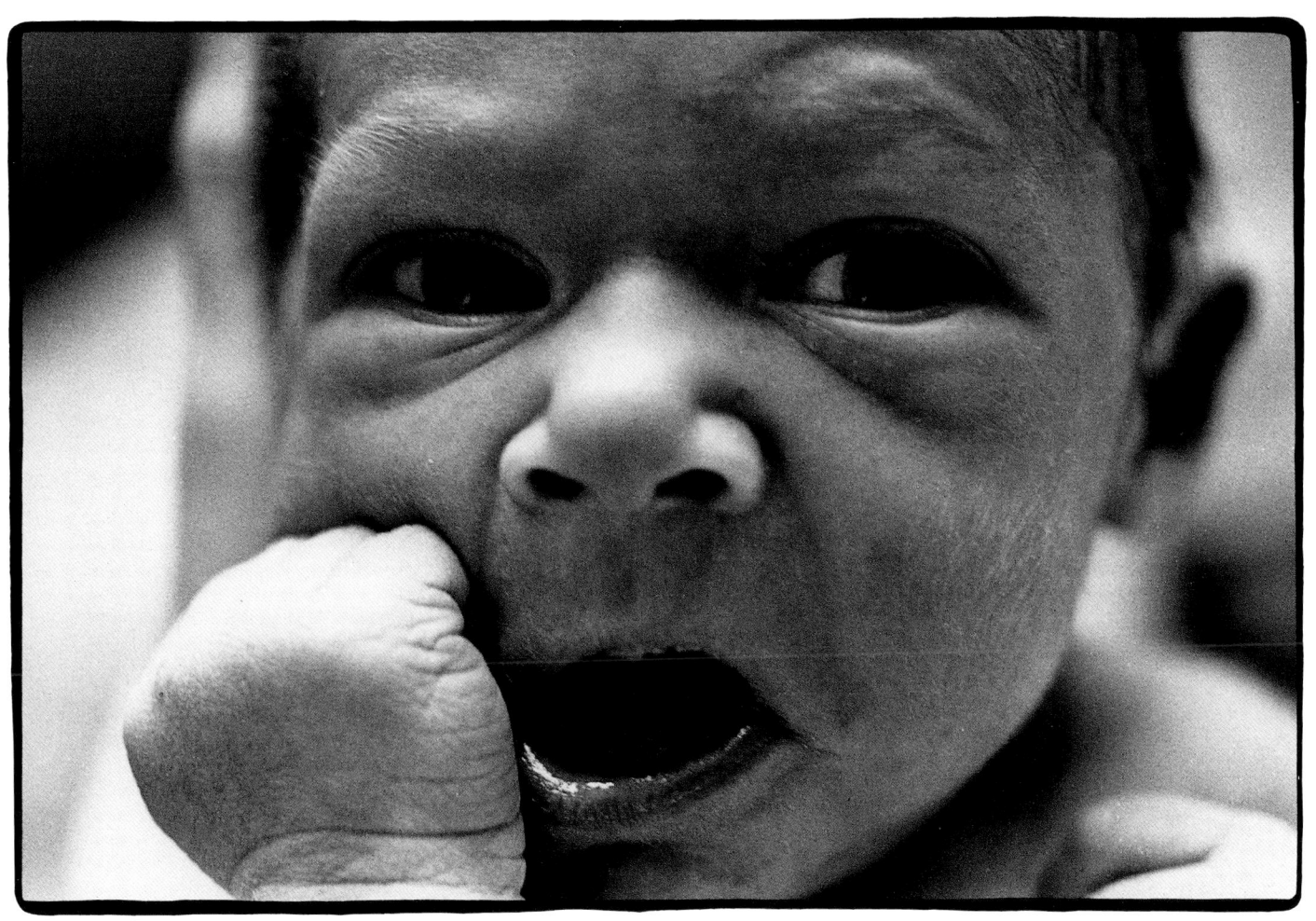

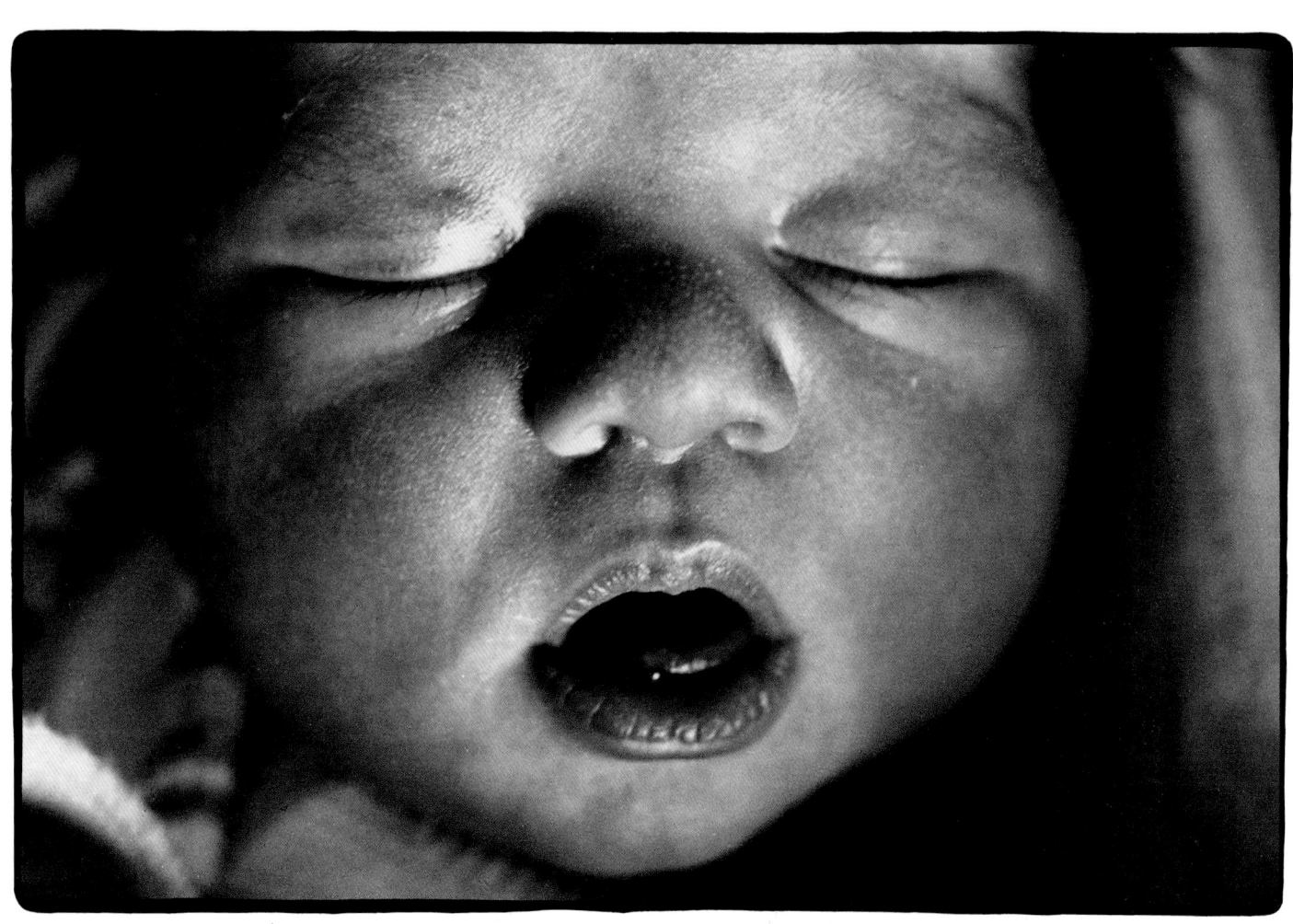

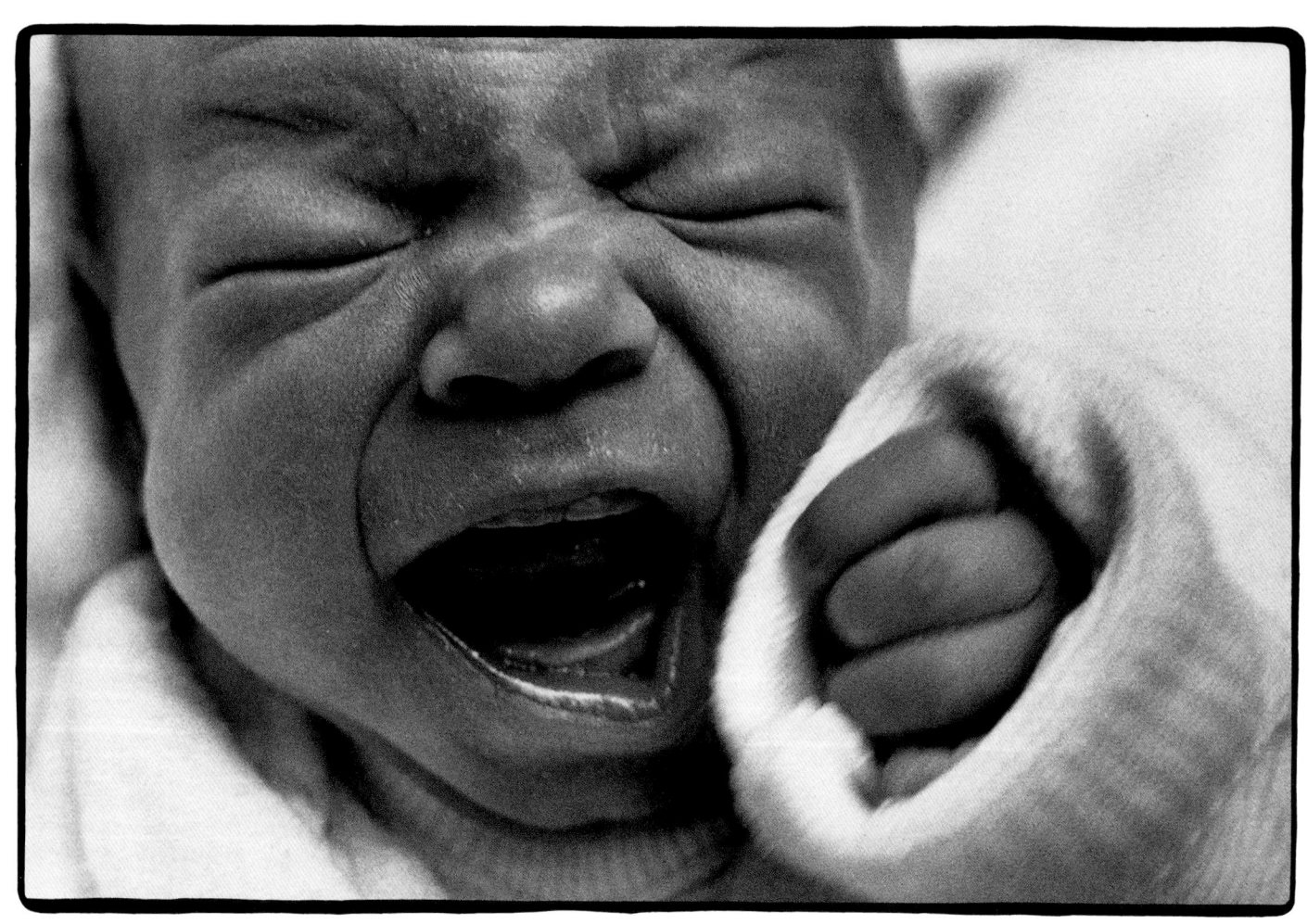

DAS OFFENE GEHEIMNIS

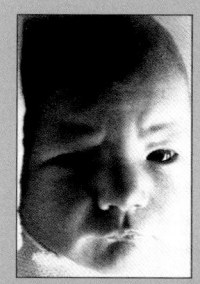

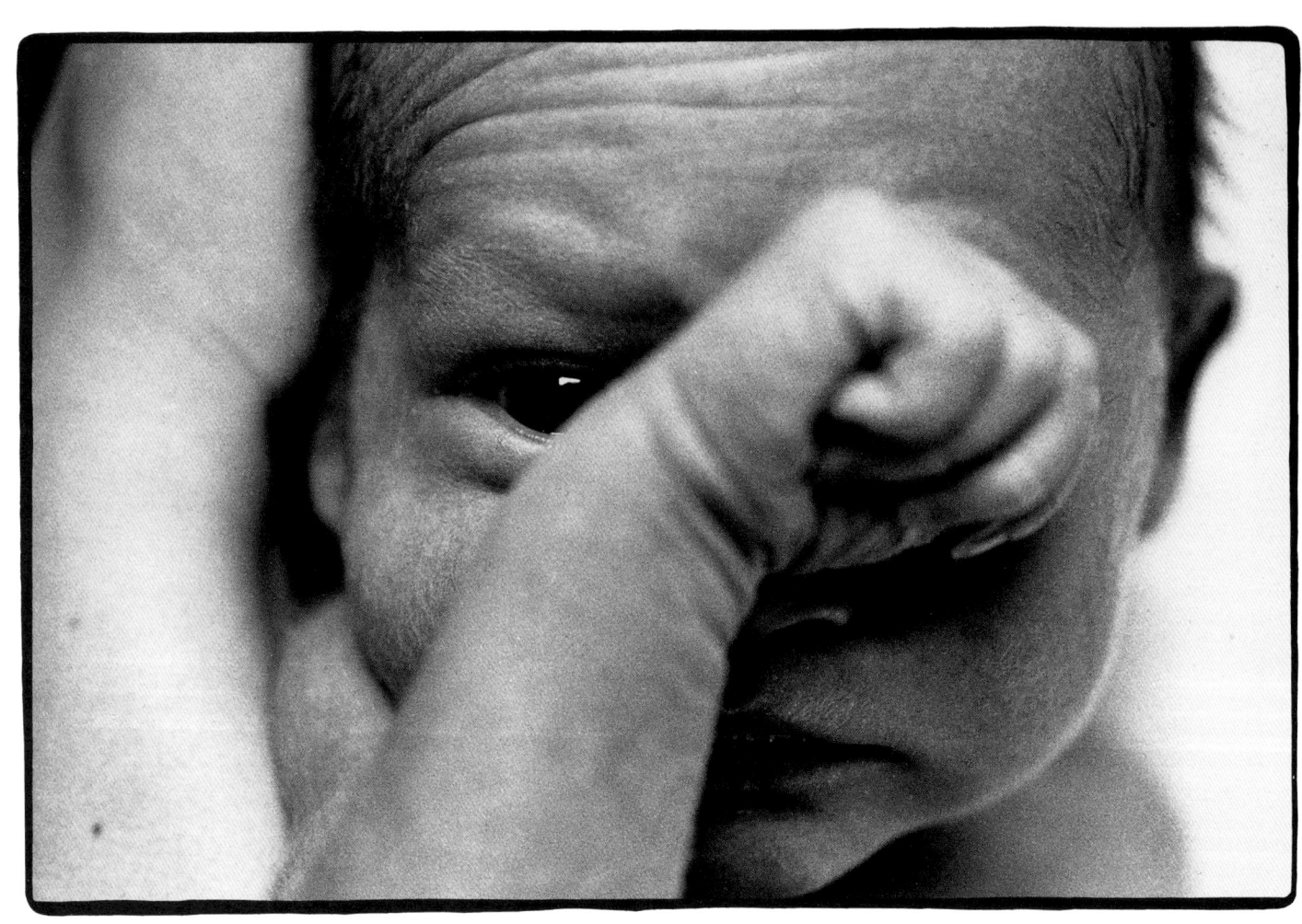

Gesicht

Schön oder häßlich? Sympathisch oder unangenehm? So schauen wir Gesichter an. Auch das eigene. Und nur selten finden wir selbst Gnade vor unseren Augen. Das ist keine Frage des Alters. Schon junge Menschen sehen sich mit kritischem Blick. Die Nase ist zu groß, zu schief, die Augen passen nicht, nichts paßt ... Das Älterwerden mit seinen Falten und Flecken macht es oft noch schwerer, sich zu mögen, und noch leichter, sich abzulehnen.

Warum diese Selbstablehnung? Sie ist mit der Entdeckung des eigenen Ichs verknüpft, und mit der Angst, diese Person könnte abgelehnt werden. Auch ein Baby spürt schon, ob es geliebt wird oder nicht. Aber es bringt diese Gefühle noch nicht mit seinem Aussehen in Zusammenhang. Erst später beginnen wir, uns immer stärker mit dem eigenen Gesicht zu identifizieren.

Nicht von ungefähr sagen wir: Jemand hat sein wahres Gesicht gezeigt, wenn wir etwas über sein tieferes Wesen erfahren haben. Die Angst, abgelehnt zu werden, nicht liebenswert, nicht schön genug für diese Welt zu sein, ist eine Ur-Angst in uns.

Jeder Porträtfotograf kennt das: Selten ist jemand mit seinem Bild zufrieden. Fast immer erntet man ein »Nein, so bin ich nicht«. Ich war dadurch so verunsichert, daß ich versuchte, Wünsche zu berücksichtigen, die Gesichter von ihrer besten Seite zu zeigen. Doch bin ich auch Menschen begegnet, die einverstanden waren mit sich selbst. Es waren Menschen, die zu ihrem Gesicht gefunden hatten – es also auch nicht mehr so leicht verlieren konnten.

Es kann ein mühsamer Prozeß sein bis zu diesem Annehmen. Vielleicht geht es am ehesten, wenn man sich täglich Zeit nimmt, sich anzuschauen. Damit meine ich nicht die üblichen kosmetisch-hygienischen Rituale vor dem Spiegel. Sich einfach anschauen ohne korrigieren zu wollen und möglichst ohne die bekannten kritischen Einwände gegen das eigene Bild kann ein Weg zur Selbsterkenntnis sein.

Physiognomik

Der Wunsch, aus der Physiognomie – dem Gesicht und seiner Mimik – etwas über sich selbst und andere zu erfahren, geht auf die Anfänge der Menschheit zurück. Es war zuerst die Sprache des Gesichts, mit der Menschen sich verständigten. Lange Zeit konnten unsere Vorfahren nur am Gesicht erkennen, ob ein Gegenüber freundlich, feindlich oder neutral gesonnen war. Dieses blitzschnelle, intuitive Hinschauen ist auch heute noch Teil unserer Kommunikation, obwohl das gesprochene Wort längst die größte Bedeutung bekommen hat.

Wann aber wurde damit begonnen, Gesichter systematisch zu analysieren und die Ergebnisse in Regeln zu fassen? Bereits die Bibel gibt physiognomische Hinweise. »Nach dem, wie einer aussieht, wird der Mensch erkannt, und an den Mienen des Gesichts kennt ihn wohl der Weise.« (aus dem Alten Testament). Auch von dem griechischen Philosophen Aristoteles (384–322 v. Chr.) sind Sätze überliefert, in denen er von Mimik und Gesichtszügen auf Wesen und Charakter schließt. Und wer sich die Bilder alter Meister anschaut, wird sehen, wie treffend der Gesichtsausdruck den dargestellten Menschen zugeordnet ist. Jeder von uns kann auf Anhieb allein am Gesicht erkennen, wer beispielsweise Jesus und wer Judas unter den abgebildeten Personen ist.

Viele dieser Darstellungen sind ohne physiognomische Erkenntnisse nicht denkbar. Einem breiteren Publikum bekannt wurde die Physiognomik allerdings erst mit Johann Caspar Lavater (1741–1801). Seine »Physiognomischen Fragmente« erregten in der damaligen Zeit großes Interesse, das Deuten von Gesichtern wurde zu einer Art Gesellschaftsspiel. Nach ihm war es vor allem der Naturforscher und Psycho-Physiognomiker Carl Huter (1861–1912), der ein bis heute unübertroffenes Werk der Menschenkunde geschaffen hat.

Die Physiognomik wird oft verurteilt. Diese starke Ablehnung läßt sich durch den Mißbrauch erklären: Gesichtsanalysen wurden benutzt, um Menschen und ganze Rassen zu verleumden.

Daß es schwer sei, objektiv ein Gesicht zu beurteilen, ist ein häufiger und sicher oft berechtigter Einwand gegen die Physiognomik. Ganz spontan projizieren wir Antipathien oder Vorlieben auf Menschen, deren Gesicht uns an schlechte oder gute Begegnungen erinnert. Immer besteht das Risiko, vorschnell zu urteilen. Das verdeutlicht eine Geschichte aus dem Chinesischen:

Ein Mann vermißt seine Axt und verdächtigt seinen Nachbarn. Allein schon das Gesicht – ist es nicht das typische Gesicht eines Axtdiebs? Dann findet der Mann seine Axt im Garten wieder, und das Gesicht des Nachbarn verändert sich. Keine Spur mehr von einem Dieb ist darin zu entdecken.

Ich habe schon vor vielen Jahren damit begonnen, bewußt auf bestimmte Merkmale in Gesichtern zu achten. Dabei fand ich Aussagen der Physiognomik nützlich, erhellend für ein besseres Verständnis. Es verlangt jedoch Wissen und Erfahrung, Vorurteilslosigkeit und Vorsicht, um ein Gesicht zu deuten. Vielleicht auch Intuition, die sich durch langes Hinschauen bildet.

Oben und unten

Der Mensch besteht aus Körper, Seele und Geist. Diese drei Prinzipien finden ihre Entsprechungen in den einzelnen Gesichtszonen. Im oberen Teil – der Stirn vor allem – spiegeln sich geistige Interessen und Begabungen, die Verbindung zur Welt der Ideen und Ideale. Der mittlere Teil – Augen, Nase und Wangen – entspricht dem seelischen Bereich, den Gefühlen, Wünschen, Empfindungen. Im unteren Teil – Mund und Kinn – werden unsere triebhafte Natur, unsere Sinnlichkeit und instinktive Tat- und Durchsetzungskraft sichtbar.

Diese Dreiteilung läßt sich auch auf einzelne Merkmale im Gesicht übertragen. Die Nase: Nasenwurzel, Nasenrücken, Nasenspitze. Die Ohren: obere Leiste, Muschel, Ohrläppchen. Und beim Mund wiederum ist die Oberlippe mehr mit dem geistig-seelischen, die Unterlippe mit dem sinnlichen Teil des menschlichen Wesens verbunden. Sogar im Volksmund gilt eine volle Unterlippe als Hinweis auf einen sinnesfrohen Menschen, der irdische Freuden genießen kann.

Man kann lernen, einen Blick für die Proportionen, die Kräfteverhältnisse in einem Gesicht zu entwickeln. Aber immer muß man sich dabei vor schnellen und falschen Pauschalurteilen hüten, wie etwa, daß eine hohe Stirn den Denker, eine niedrige den Dummkopf verrät.

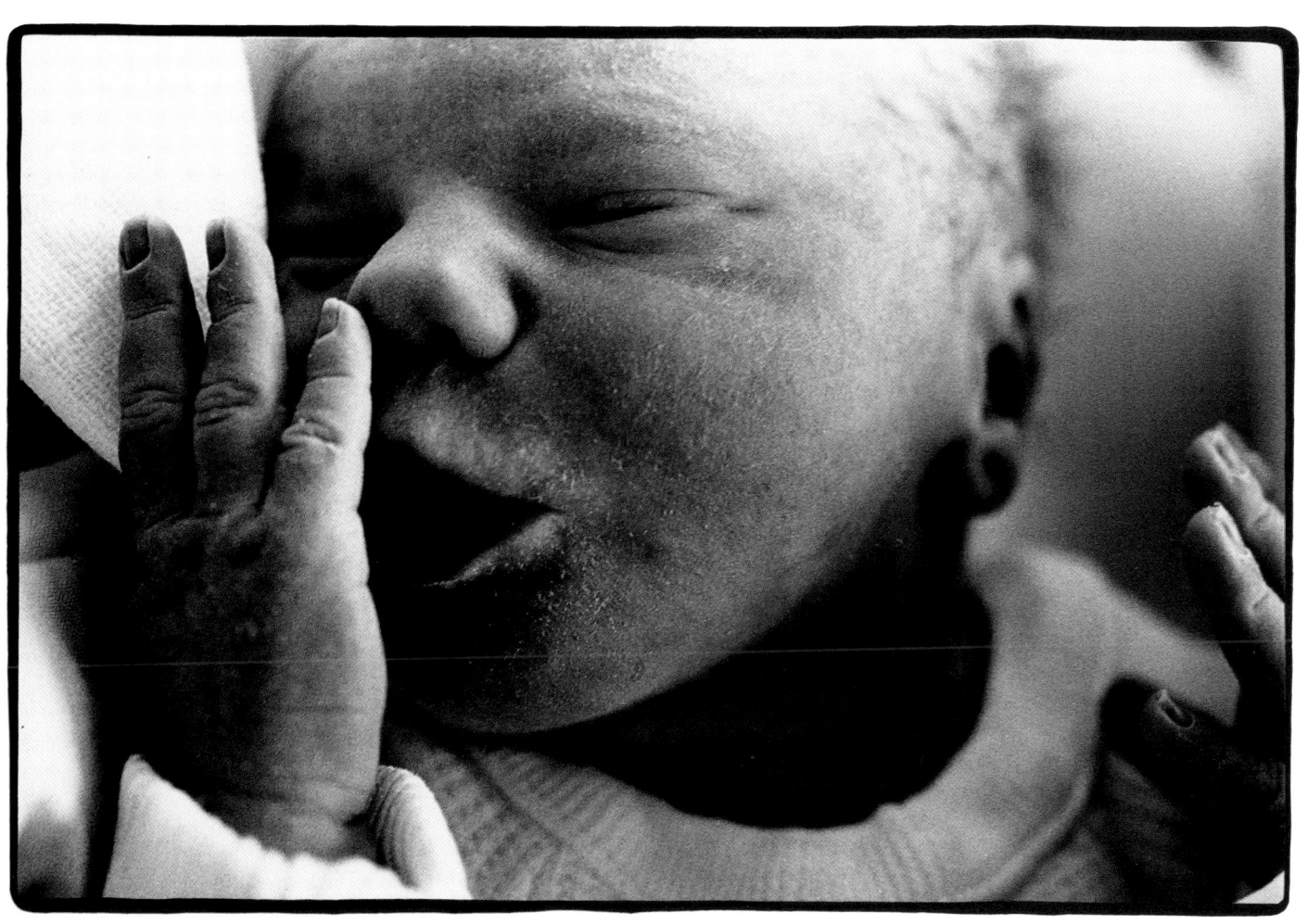

Schicksal

Wir werden nicht als geschichtslose Wesen geboren. Größe und Form von Ohren, Nase und Kinn, die Proportionen des Kopfes, ja sogar jede Stirnfalte, die sich im Alter zeigt, ist schon beim Baby als Anlage vorhanden. Bereits vorgeburtliche Erlebnisse und erst recht Erfahrungen im späteren Leben zeigen sich darin, hinterlassen ihre Spuren. Aber das Grundmuster, der Bauplan wird bereits im Augenblick der Befruchtung festgelegt. So ist unser Gesicht auch der Ausdruck und das Erbe unserer Ahnen, des genetischen Materials, das im Kern der mütterlichen Eizelle und des väterlichen Samens enthalten war.

Wenn es stimmt, daß sich in unserem Gesicht auch unser Wesen, unser Charakter, unsere Möglichkeiten zeigen, dann muß bereits bei der Geburt beziehungsweise im Moment der Befruchtung vieles entschieden gewesen sein. Aber wer hat da entschieden?

Wissenschaftler sagen, daß nur die schnellsten und kräftigsten von etwa 500 Millionen Spermien den gefahrvollen Weg bis zur Eizelle schaffen. Das ist ein in der Natur überall wirksames Gesetz: die Auslese der Besten, der Sieger. Ob es auch für die Befruchtung zutrifft, bezweifle ich allerdings. Spermien brauchen einige Stunden bis zum Eileiter, Schnellschwimmer sogar nur eine halbe Stunde, andere dagegen oft mehrere Tage. Findet erst nach der Ankunft der Langsamen ein Eisprung statt, könnte das Ei also auch von diesen befruchtet werden. Aber egal, ob es nun die Schnellsten oder auch die Langsamen sind – im Endeffekt erreichen und umschwärmen vielleicht einige hundert »Sieger« die Eizelle. Nur einen Samen nimmt diese an. Welchen? Und warum ausgerechnet diesen? Wieder nur Zufall? Oder steckt da von Anfang an ein Plan dahinter?

Wenn es einen Zufall gibt, dann war es sicher ein besonders glücklicher, daß ich den Psychiater und Schicksalsforscher Leopold Szondi (1893–1986) persönlich kennenlernen (und fotografieren) durfte. Ihn faszinierte das Phänomen, daß sich durch die Familiengeschichte vieler seiner Patienten wie ein geheimer Lebensplan immer wieder dasselbe Thema zog. Dieselben Wahnideen, Krankheiten, Unglücksfälle. Als wiederhole sich das Schicksal der Vorfahren immer wieder auf's Neue. Szondi stieß auch auf das eigentümliche Phänomen, daß Menschen scheinbar nichtsahnend Freunde, Lebenspartner mit einem ähnlichen Familienschicksal wählen wie das der eigenen Eltern.

Aber wenn alles schon vorbestimmt ist, wenn wir nicht nur so aussehen wie unsere Vorfahren, sondern auch deren Schicksal fortführen, wo bleibt dann die Freiheit, der freie Wille, das Leben selbst zu gestalten? Ich sehe Szondi noch vor mir, wie er auf den Tisch hämmert und sagt: »Die Freiheit liegt in der Wahl der eigenen Lebensform. Die größte Entdeckung ist, zu erkennen, daß man nicht nur ein Schicksal hat, sondern mehrere. Und daß man immer wieder neu wählen kann. Nur dürfen wir nicht *gegen* das wählen, was in uns angelegt ist. Unruhe ist immer ein Zeichen dafür, daß wir schlecht gewählt haben.«

Ich selbst versuche mir diesen Widerspruch zwischen Schicksal und Freiheit mit einer Metapher zu erklären, die aus meiner Berufswelt stammt: Menschliche Entwicklung ist vielleicht wie die Entwicklung eines Films. Der Film ist belichtet, die Motive sind festgelegt. Aber wenn ich die Motive kenne und weiß, was gut und was weniger gut ist, kann ich Einfluß nehmen. Ich kann Ausschnitte wählen, das Bild heller oder dunkler machen, mit dem Papier oder dem Negativ experimentieren – so daß am Ende gute Bilder entstehen.

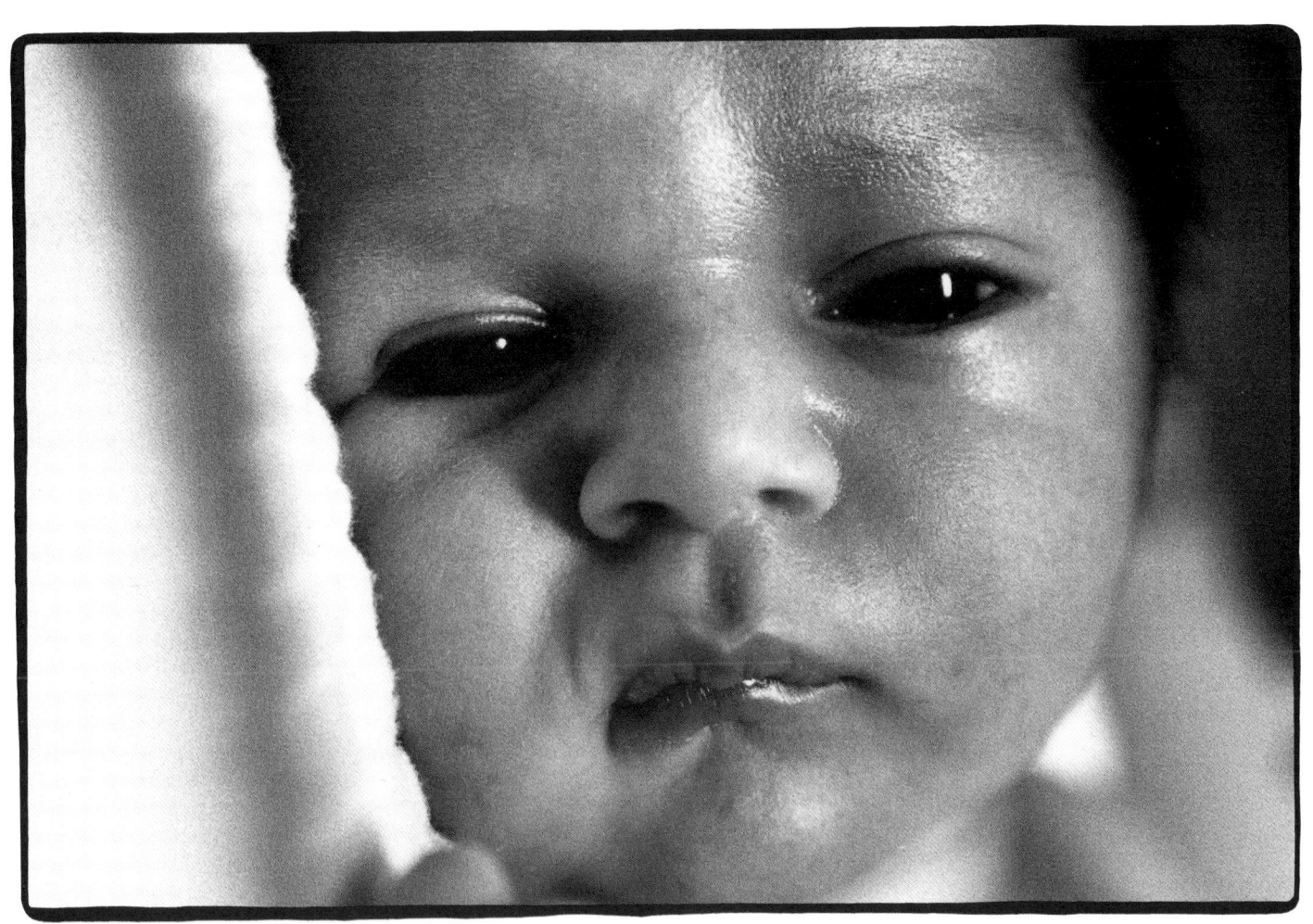

Profil

Profil – das ist mehr als die Seitenansicht eines Kopfes. Wir sagen, daß jemand Profil hat oder zeigt, wenn er eigenständig handelt, eigene Meinungen vertritt, eben eine eigene Persönlichkeit entwickelt hat und sich nicht scheut, der Welt gegenüberzutreten. Warum sagen wir das?
Die markantesten Merkmale eines Profils sind Nase und Kinn. Es gibt kleine, gerade Nasen und große, gebogene; Kinnformen, die sich nach vorn schieben, manchmal fast stemmen, und solche, die eher zurückweichen. Nase und Kinn sind Ausdruck für die Durchsetzungskraft eines Menschen. Die Nase drückt mehr den bewußten Willen aus, das Kinn die Fähigkeit zu handeln. Das sind genau jene Energien, die uns auch im übertragenen Sinn »Profil« geben.
Ein Neugeborenes hat in diesem Sinn noch wenig Profil. Es mag zwar temperamentvoll und eigensinnig sein, aber einen ausgeprägten persönlichen Willen und die Fähigkeit, selbständig zu handeln, besitzt es noch nicht. So sind Nase und Kinn auch jene Gesichtsmerkmale, die am spätesten ihre eigene Form entfalten. Erst um das 23. Lebensjahr sind sie »ausgewachsen«. Veränderungen sind allerdings auch später noch möglich. Vor allem im Alter kann die Nase fleischiger oder im Gegenteil spitzer, das Kinn knochiger und dünner werden.
Und doch kann man nicht sagen, alle Babys sähen im Profil gleich aus. Die mögliche Vielfalt zeigen besonders deutlich die auf den Seiten 28 und 29 abgebildeten Neugeborenen. Beide sind einen Tag alt.

Typisch Baby: die Stupsnase

Das Profil des neugeborenen Jungen (Seite 28) ist bereits ungewöhnlich ausgeprägt, eigen-artig. Auffallend vor allem sind die längere Nasenform (die sich allerdings noch ändern wird) und der weiche, fließende Übergang von der Stirn zur Nase. Beim Erwachsenen deutet eine solche Brücke zwischen dem oberen und dem mittleren Teil des Gesichts auf die Harmonie zwischen Denken (Stirn) und Willen (Nase). Und auf die Fähigkeit, Gedanken und Impulse schneller in die Tat umzusetzen. Ob das später auch für den Jungen zutreffen wird? Er ist heute acht Jahre alt, und bis jetzt besteht noch immer dieser weiche Übergang von Stirn zu Nase.
Das Mädchen (Seite 29) hat ein eher typisches Babyprofil mit runder Stirn und einem niedlichen Stupsnäschen. Eine Form, die sich voraussichtlich noch einige Zeit halten, aber wandeln wird, wenn das Kind seinen eigenen Willen entwickelt. Allerdings gibt es auch Erwachsene, mehr Frauen als Männer, mit einer kleinen, nach oben gerichteten Nase. Die stupsige Form mit dem nach innen gewölbten Nasenrücken spricht für eine eher empfängliche, anpassungsfähige Natur, ohne den ausgeprägten Willen, der eigenen Nase nach zu gehen.

Nasenflügel

Am stärksten ausgeprägt an der Nase von Babys sind die Nasenflügel. Bei dem neugeborenen Mädchen sind sie

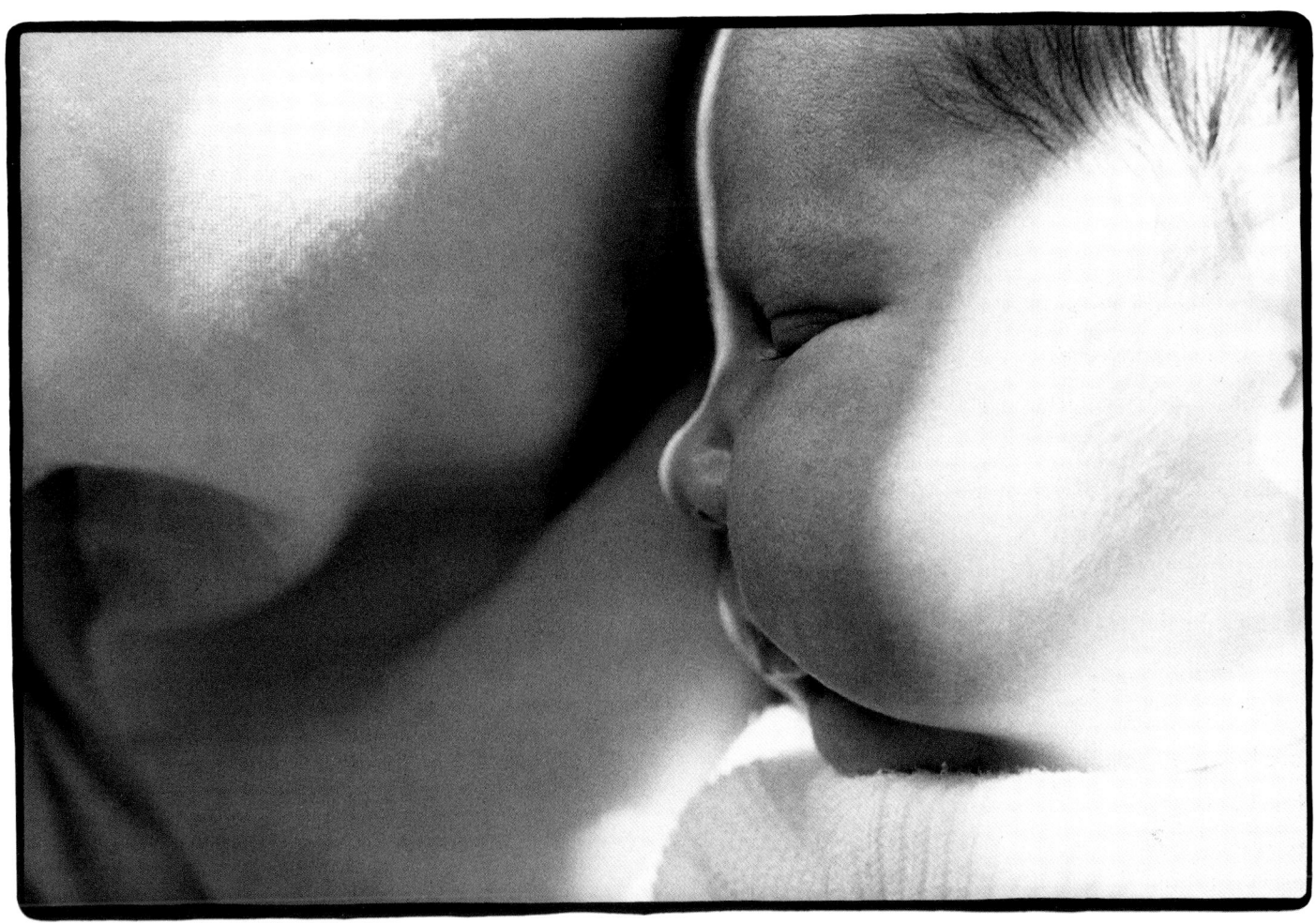

größer, bei dem Jungen zarter und schmaler. Auf der Ebene der Organe entsprechen sie den Lungen. Große Nasenflügel und -löcher erlauben volle Atemzüge und sprechen für ein kräftiges Temperament mit der Fähigkeit, sich zu holen, was man im Leben braucht.

Kopfform

Der Kopf des Jungen ist nach hinten in die Länge gezogen. Das ist vielleicht Veranlagung, aber sicher auch eine Folge der Geburt – die Schädelknochen sind jetzt noch so weich, daß sie sich auf dem Weg durch den Geburtskanal verformt haben.

Bei den abgebildeten Babys sind Oberkopf und Stirn im Vergleich zum restlichen Gesicht besonders groß. Ein typisches Merkmal des sogenannten Kindchenschemas, das als süß und niedlich – »typisch Baby« – empfunden wird und entsprechende Beschützergefühle auslöst. Im Lauf der Entwicklung verschieben sich diese Proportionen allmählich, der mittlere und der untere Teil des Gesichts nehmen dann mehr Raum ein.

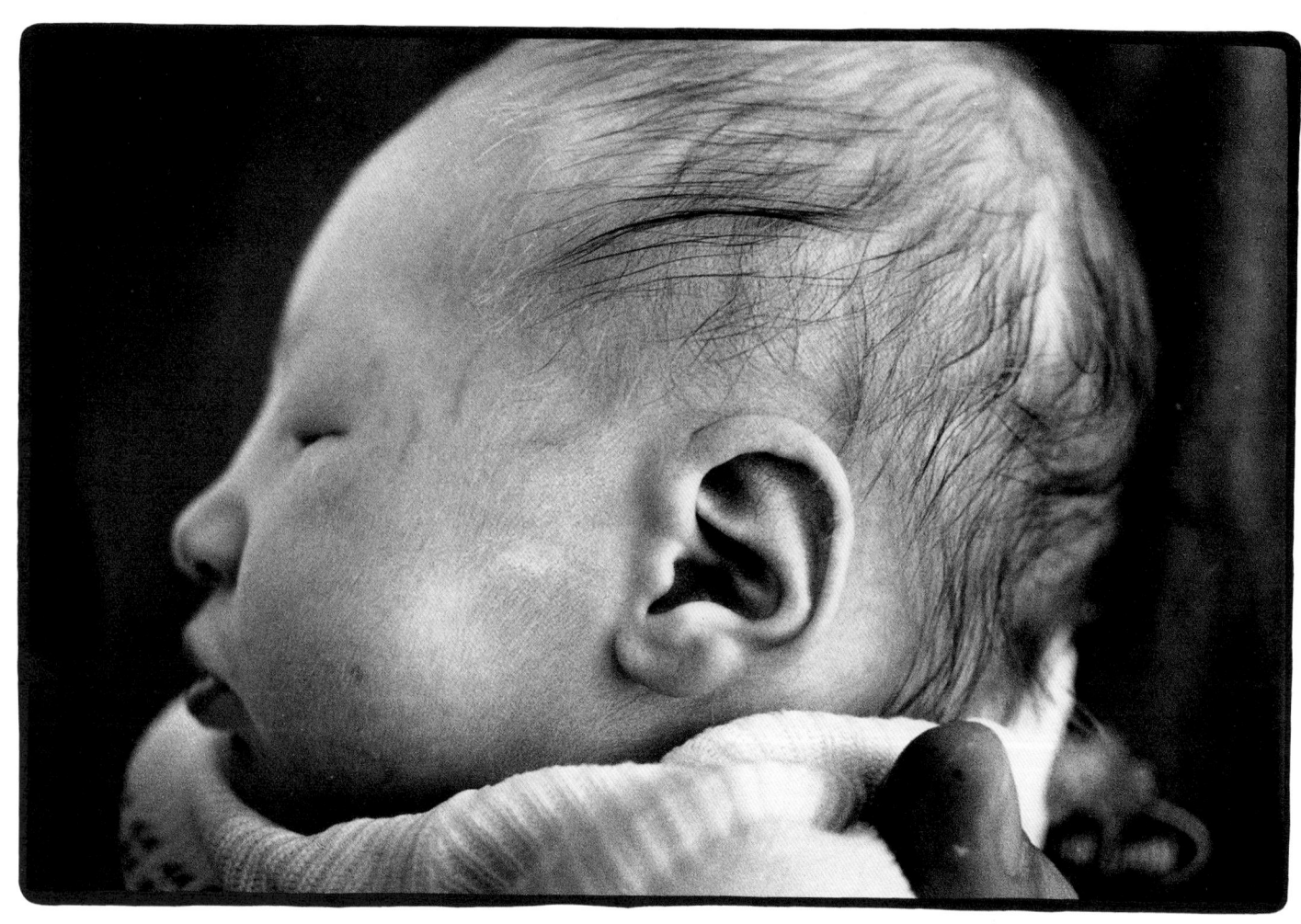

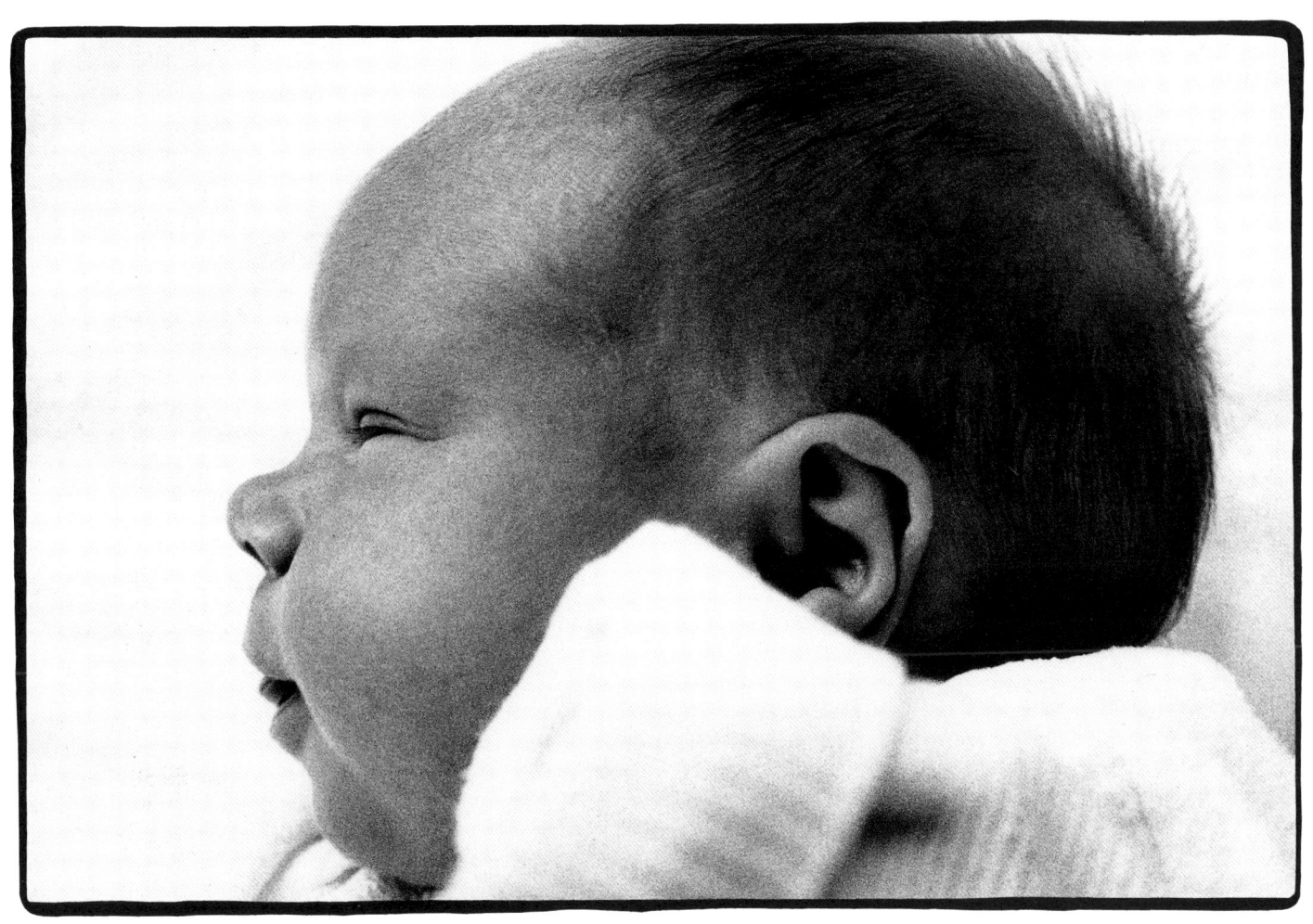

Ohren

Bereits vor der Geburt, im vierten pränatalen Monat, hat die Ohrmuschel ihre Form ausgebildet. Schon jetzt kann das Ungeborene hören: die Innengeräusche des Körpers, den Herzschlag, die Stimme der Mutter, die es genau kennen und von allen anderen unterscheiden wird, wenn es auf der Welt ist. Das Ohr schafft also die erste Verbindung zur Außenwelt. Eine überlebenswichtige – das Ohr bleibt immer offen; auch wenn wir schlafen, warnt es uns vor möglichen Gefahren. Geräusche wecken uns auf. Unsere Hilferufe werden von anderen Ohren gehört.

Die Ohren lassen sich nicht so leicht täuschen wie die Augen. Vor allem Neugeborene sind noch unbestechlich. Ich habe berufsbedingt viel Zeit in Entbindungskliniken verbracht, war oft auf Säuglingsstationen, wo ich die Neugeborenen betrachtete, ihnen lauschte. Wenn sie schrien, weil sie die Nähe der Mutter vermißten, versuchte ich sie mit Worten zu beruhigen. Sie horchten kurz auf und schrien bald darauf weiter. Einmal imitierte ich für einige Neugeborene den Tonfall ihrer Mütter, den ich mir vorher genau angehört hatte. Das wirkte zwar – aber nur kurz. Die Babys ließen sich nicht täuschen.

Erwachsene lassen sich eher beirren. Stimmen kann man ja verfälschen, mit Kreide »schminken«, wie es der böse Wolf im Märchen tat. Aber wenn wir uns die Zeit nehmen, genau hinzuhören, können wir unseren Ohren doch trauen. In einer Radiosendung erfuhr ich von einem Blinden, der an der Stimme eines Menschen hören konnte, ob dieser die Wahrheit sagte. Seine Sicherheit war so groß, daß er bei den Nürnberger Prozessen als eine Art lebender Lügendetektor eingesetzt wurde.

Was zeigt sich am Ohr?

Worauf schauen wir zuerst bei einem Menschen? Auf das Gesicht, die Hände, die Figur vielleicht. Sicher nur selten auf die Ohren. Sogar miteinander vertraute Menschen wissen oft nicht genau, wie die Ohren des anderen aussehen. Es gibt »sympathische« und »weniger sympathische«, schön und weniger schön geformte Ohren.

Bestimmte Merkmale, vor allem ihre Größe und die Form der Ohrläppchen, gelten in der Physiognomik als vielsagende Hinweise auf das Wesen des Menschen. Bei meinen Porträtaufnahmen achtete ich deshalb immer auf die Ohren, mußte jedoch feststellen, daß ihre Form schwer zu deuten ist.

Große Ohren sprechen eher für Temperament und Vitalität. Ein gut ausgeprägter oberer Teil ist ein Zeichen für geistige Interessen und Begabung. Lange Ohrläppchen deuten auf Erdverbundenheit und Sinnlichkeit, kleine auf weniger Kraftreserven. Abstehende Ohren sind ein Merkmal für unbequeme, unangepaßte Individuen.

Mehr als alle anderen Gesichtsmerkmale sind die Ohren das Erbe unserer Ahnen. Zwar ist ihre jeweilige Form so individuell wie die Handlinien, bei keinem Menschen ganz gleich. Aber ihre Beschaffenheit (fleischig oder zart, klein oder groß) wird oft an die nächste Generation weitergegeben.

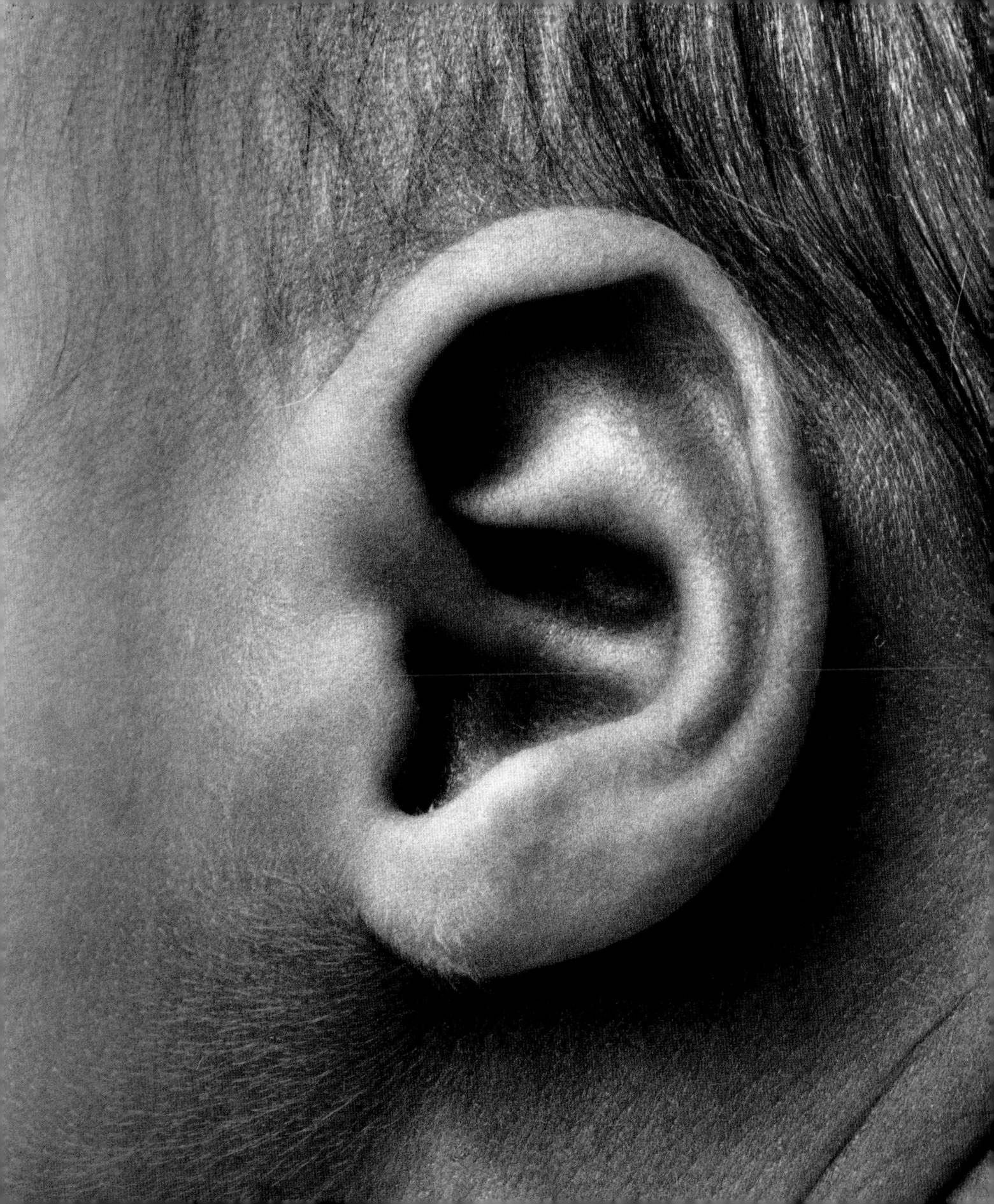

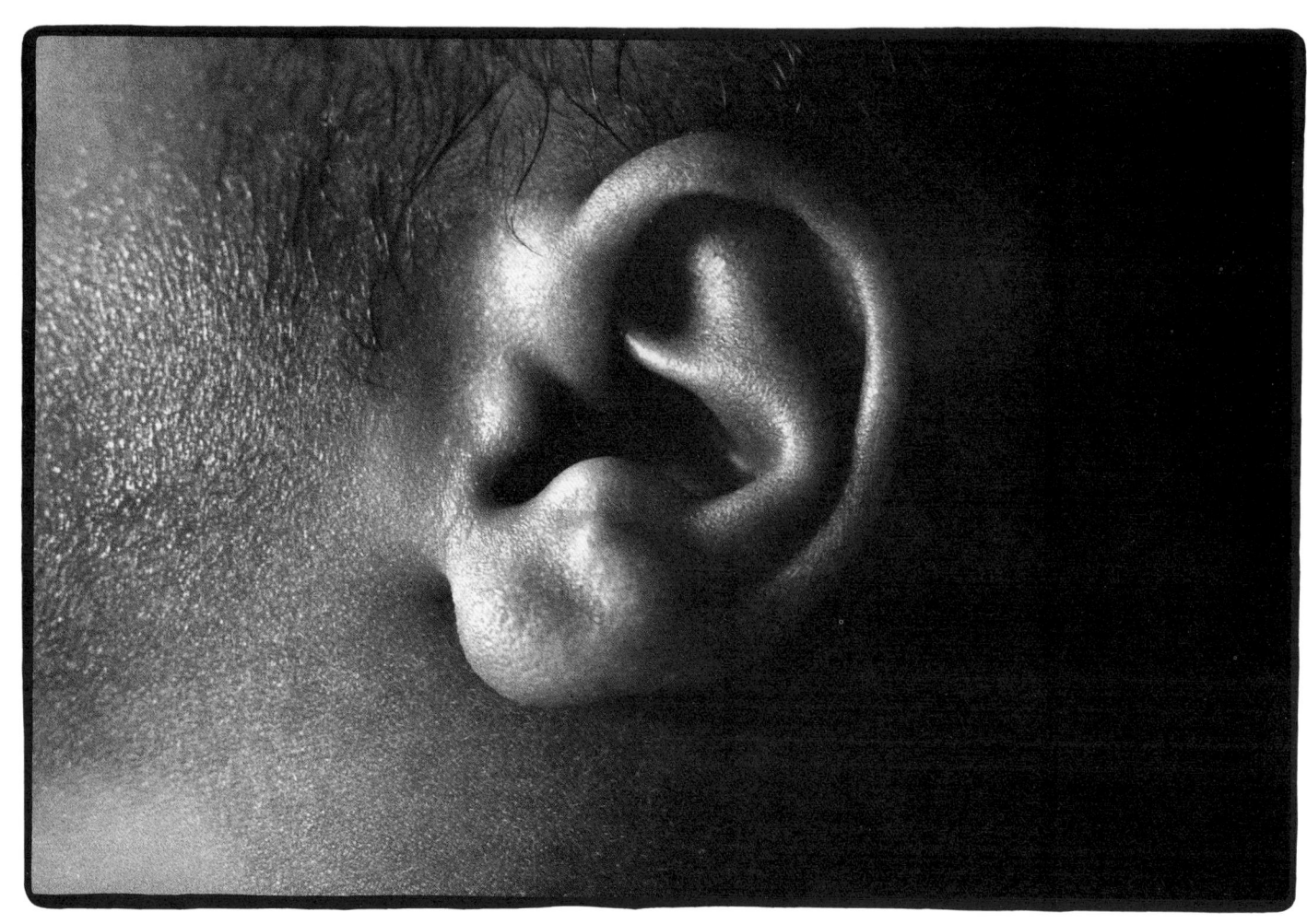

Die Betonung des schön geformten Babyohrs liegt im Ohrläppchen. Seine Fülle und Stärke zeigen Sinnesfreude und Genußfähigkeit. Dieses Kind wird vermutlich eine gute Beziehung zur Realität haben.

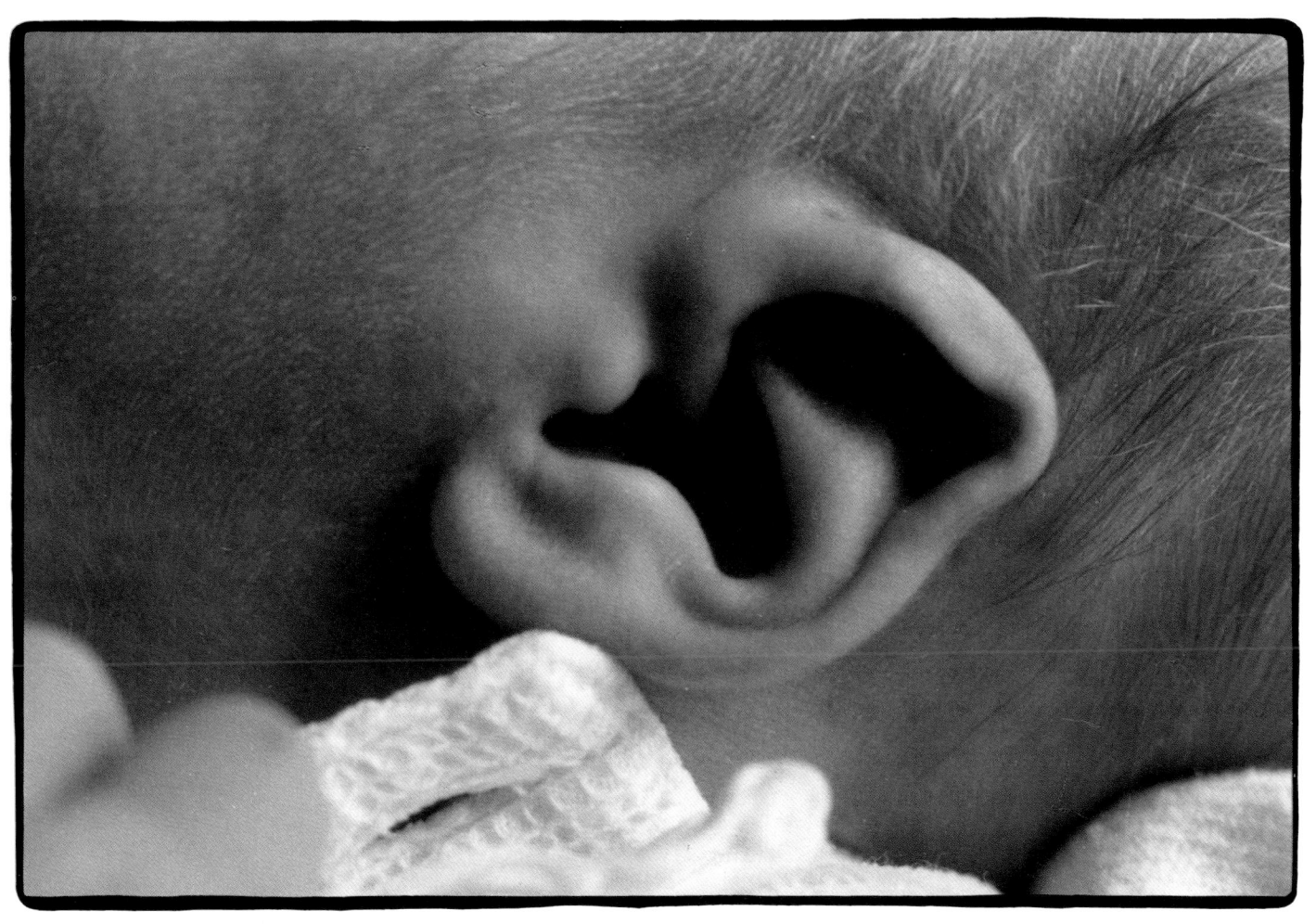

Dieses Ohr fällt durch seine Spitze auf. Es zeigt Lebendigkeit, einen wachen Geist und Neugierde. Das Kind liebt Abwechslung in seiner Tätigkeit. Möglich, daß es weniger geduldig ist, dafür spontaner.

HÄNDE

Vielleicht mehr noch als das Gesicht sind die Hände eine Landkarte der Seele. Wer Handlinien zu lesen vermag, kann viel über Talente, künstlerische Neigungen, Beziehungsmuster, Liebe, Kindheit, Aggressionen, Gedankenwelt und Glauben des betreffenden Menschen erfahren. In den Händen findet sich eine Links-Rechts-Polarität: Die *linke* Hand ist Ausdruck der Gefühlsnatur, der Begabungen, des Unbewußten; die *rechte* Hand macht sichtbar, wie sich die Anlagen verwirklichen oder bereits verwirklicht haben, und wie bewußt wir leben.

Als ich anfing, Hände zu fotografieren, waren es wieder ganz besonders Neugeborene, die mich faszinierten. Unglaublich, in diesen winzigen Händen, in Wirklichkeit viel kleiner als auf den hier gezeigten Fotos, ist bereits seit dem vierten pränatalen Monat alles vorhanden, jede kleinste und feinste Linie. Die Linien sind so vollkommen gezeichnet wie die Hand des damals 96jährigen Schauspielers Luis Trenker, die auf Seite 36 abgebildet ist.

Doch ist die Zeichnung der Handlinien nicht für alle Zeiten festgelegt. Ereignisse, Erkrankungen, seelische Erschütterungen verändern sie, manchmal sogar innerhalb kürzester Zeit. Linien können unterbrechen, Zweige und »Inseln« bilden, sich mit anderen Linien verbinden, und sogar neue Linien können entstehen.

Die Hände lassen sich nicht verstellen, also sind sie noch »ehrlicher« und noch aussagekräftiger als der Gesichtsausdruck. Vielleicht ist das der Grund, warum sich Schamanen mit offenen, erhobenen Handflächen begrüßen. Damit drücken sie aus: Ich verberge nichts, du kannst mein Innerstes sehen.

Die nur wenige Minuten alte Hand ist durch die lange Zeit im Fruchtwasser noch sehr weich. Die feinen Linien werden erst später sichtbar.
Eine seltene Linie fällt auf, die in Kinderhänden immer häufiger erscheint: die Neptunlinie (quer auf der linken, unteren Handseite). Dort, im »Mondberg«, zeigen sich die schöpferischen, unbewußten Triebkräfte, zeigt sich die Welt der Wünsche und der Träume. Neptun, der Planet des Tierkreiszeichens Fische, löst Grenzen auf, öffnet die Seele für das Irrationale.
Menschen mit einer Neptunlinie sind sehr einfühlsam, haben einen sicheren Instinkt und künstlerische Begabung. Sie leben in einer Welt der Sehnsucht nach Überschreitung irdischer Grenzen. Phantasien können sowohl zur Realitätsflucht führen als auch zu tiefem Glauben.

DAS LESEN IN EINER HAND

Die Lehre der Handdeutung (Chirologie) ist eng mit der Astrologie verwandt. Seit vielen Jahrhunderten werden bestimmte Bereiche der Hand (wie auch des Gesichts) astrologischen Symbolen zugeordnet. Man spricht beispielsweise vom Venusberg, Mondberg, von der Merkurlinie oder dem Saturnfinger.

Ähnlich wie Astrologen neigten Handleser früher dazu, präzise Voraussagen über die Zukunft zu machen. Aus Verlauf und Tiefe einzelner Handlinien zogen sie naive, undifferenzierte und gefährliche Rückschlüsse auf kommende Ereignisse. In alten Handlesebüchern stehen beispielsweise

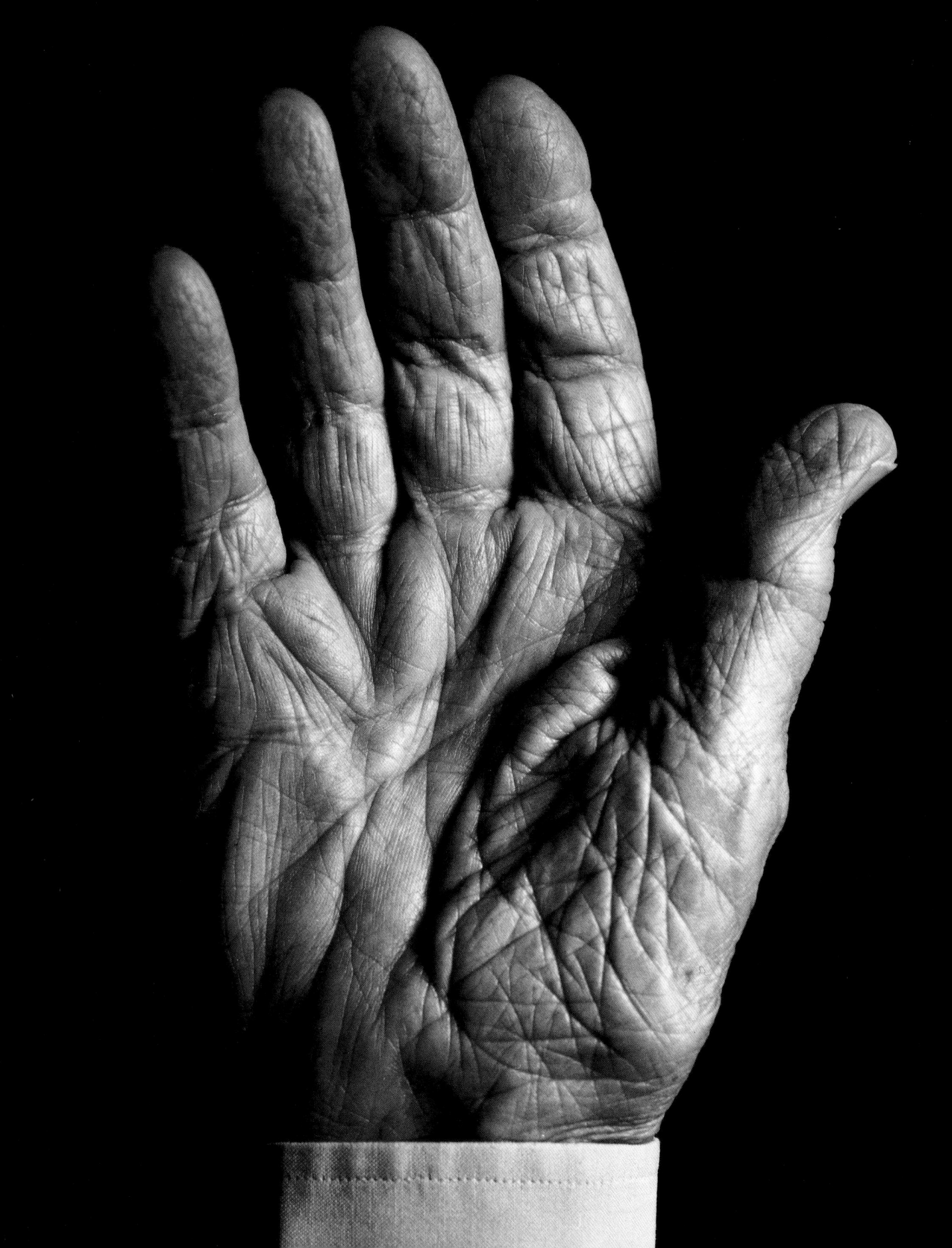

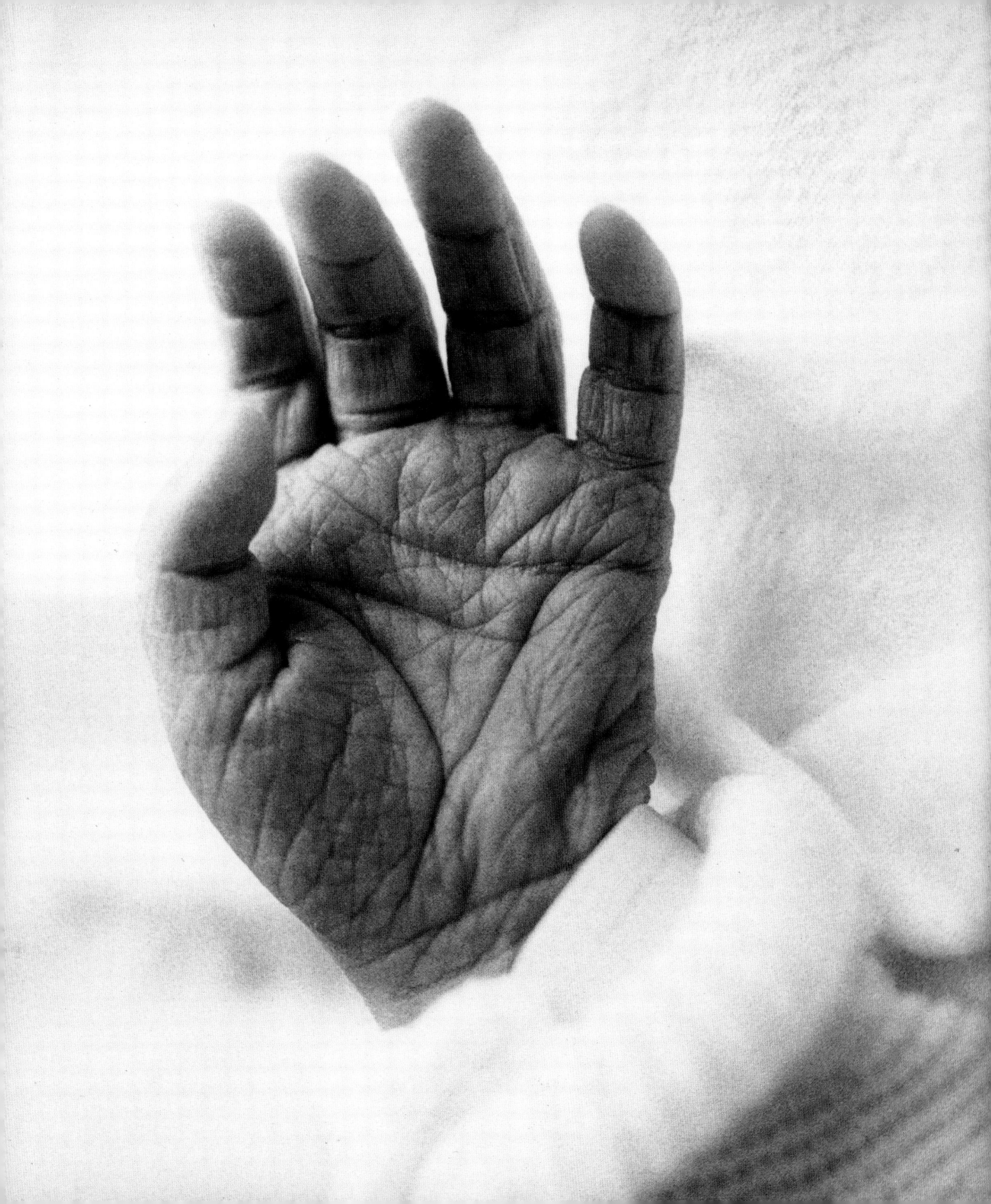

Sätze wie: Kurze Lebenslinie: früher Tod. Unterbrochene Lebenslinie: Unfall, Krankheit. Lebenslinie am Anfang verbunden mit der Saturnlinie (die mittlere der drei großen Linien, die in der Handinnenfläche ein M bilden): schweres Schicksal, Einsamkeit und so weiter.

Hand und Horoskop

Stimmen die Deutungen von Händen und Horoskopen überein? Zur gleichen Zeit, als ich die Hände der Neugeborenen fotografierte, begann ich auch die Horoskope der Kinder zu erstellen. Und mir fiel auf, daß die wesentlichen Aussagen in die gleiche Richtung deuten. Doch die Linien der Hände sind individueller, sie erhellen Seiten und Aspekte einer Persönlichkeit, die im Horoskop weniger sichtbar werden – und umgekehrt. Hand und Horoskop widersprechen sich nicht, sondern ergänzen sich.

Eine große Frage, auf die ich keine Antwort weiß: Die Hand ist schon viele Monate vor der Geburt fertig gezeichnet, das Horoskop aber entsteht in der Minute der Geburt. Wie paßt das zusammen? Ist die Minute der Geburt etwa kein Zufall, ihr Zeitpunkt schicksalshaft vorbestimmt? Selbst bei Kaiserschnittgeburten fand ich über den Durchschnitt oft Übereinstimmungen zwischen dem Horoskop der Kinder mit dem ihrer Eltern.

Bei vielen Entbindungen, die ich fotografierte, hörten die Wehen vorübergehend ohne ersichtlichen Grund auf. So manches Baby, von dem die Hebamme sagte, in drei Stunden sei es da, kam erst zehn oder elf Stunden später als erwartet.

Beim Betrachten des Geburtshoroskops stellte ich dann fest, daß die Verzögerung dem Neugeborenen den Aszendenten der Mutter oder des Vaters beschert hatte. Auch nur Zufälle?

Finger und Zeichensprache

Nicht nur für die Linien der Hand, auch für die Finger wird ein Bezug zu den Göttern und zu den Planeten hergestellt. Der Daumen ist Mars zugeordnet (das Männliche, Wille, Aggression, Tatkraft, Durchsetzung), der Zeigefinger dem Jupiter (Gerechtigkeit, Erweiterung, Religion), der Mittelfinger dem Saturn (Gesetz, Ordnung, Schicksal, Prüfungen). Der oft besonders geschmückte Ringfinger gehört zur Venus (das Weibliche, Schönheit, Liebe, Harmonie), der kleine Finger zu Merkur (Intelligenz, Sprache, Kommunikation).

Wer diese Zuordnungen kennt, sieht die Finger- und Handhaltungen auf christlichen Bildern oder Buddha-Darstellungen mit anderen Augen. Sie haben eine geheime Bedeutung. Jesus zum Beispiel wird häufig mit gestrecktem Zeige- und Mittelfinger abgebildet. Jupiter und Saturn: Sieg von Recht und Gesetz. Auf Verkündigungsbildern streckt der Erzengel Gabriel energisch Daumen, Zeigefinger und Mittelfinger aus. Mars, Jupiter, Saturn. Mars: Symbol für männliche Energie (Zeugung); Jupiter: Erweiterung, Spiritualität; Saturn: Erfüllung des göttlichen Gesetzes.

Wie sich die Zeiten ändern: Früher galt der Mittelfinger (Saturn) als der heilige, ehrgebietende Finger. Heute wird er hochgestreckt zum Zeichen tiefer Verachtung.

Auch die Linien der Füße sind individuell und aufschlußreich, doch nur wenige verstehen sie zu deuten. Wie in den Händen und Ohren reflektieren in den Füßen Körperbereiche und Organe. Die therapeutische Bedeutung dieser Reflexzonen wurde in vielen Kulturen gepflegt und beruht auf einer jahrtausendealten Erfahrung.

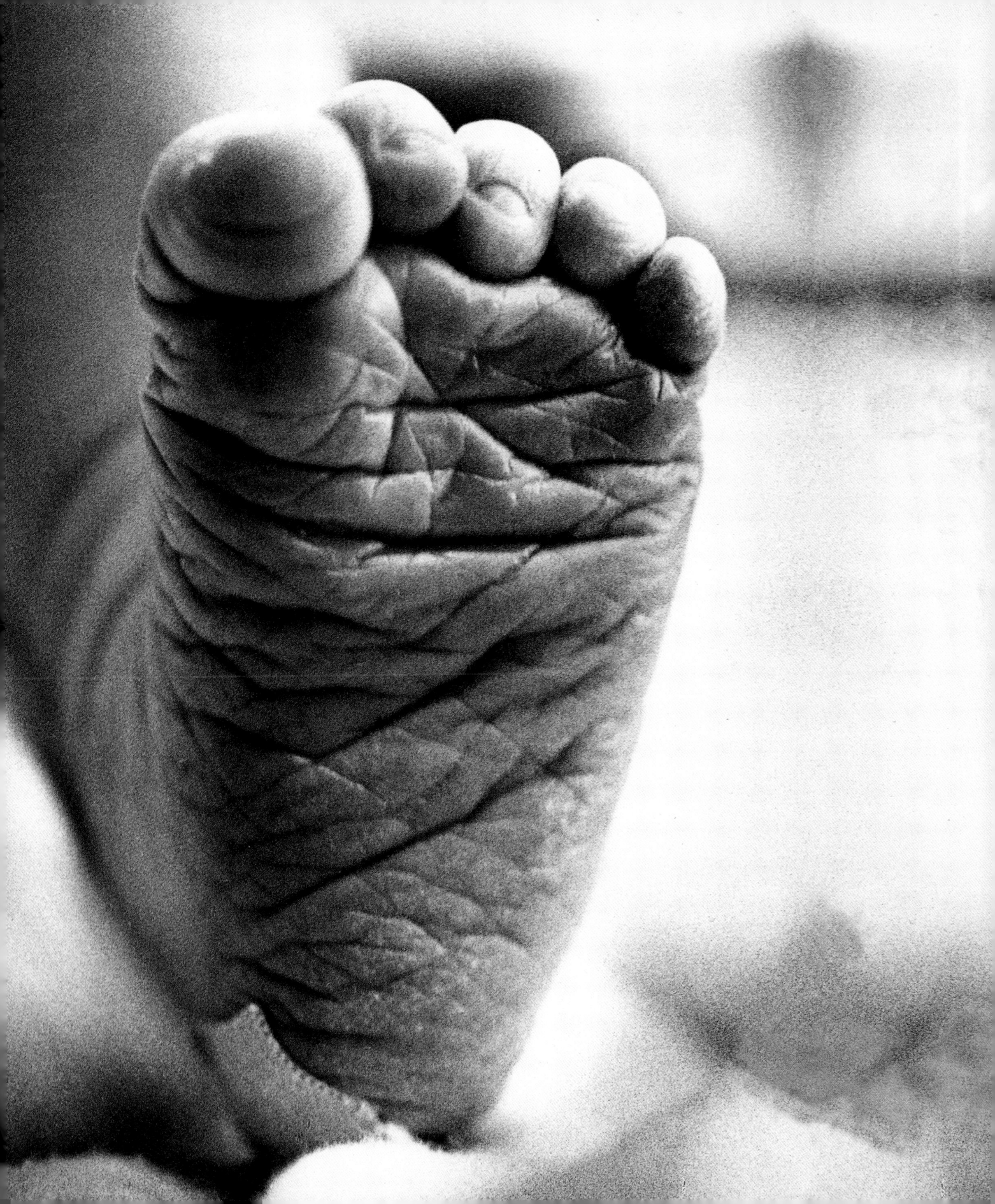

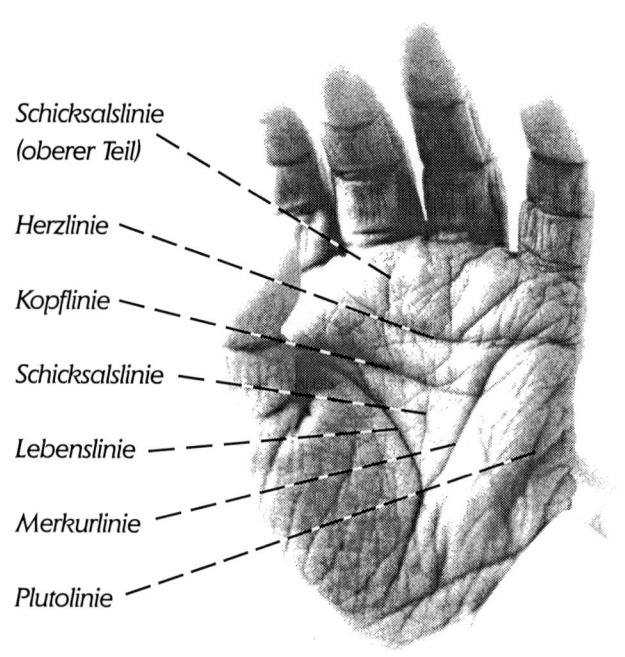

Schicksalslinie (oberer Teil)
Herzlinie
Kopflinie
Schicksalslinie
Lebenslinie
Merkurlinie
Plutolinie

Die Hand eines Neugeborenen (Seite 37):
Diese Hand ist erst einige Stunden alt – und bereits voller Zeichen und Hinweise auf das spätere Leben.
Die erste Linie in der Hand des Embryos ist die Lebenslinie. Hier ist sie lang, kräftig und ohne Unterbrechungen. Sie zeigt große Lebenskraft und Ausdauer in der Durchsetzung eigener Bedürfnisse.
Die Kopflinie ist klar und gerade, Ausdruck für konzentriertes Denken und Selbstbewußtsein. Der Anfang der Kopflinie (zwischen Daumen und Zeigefinger) hat keine Verbindung mit der Lebenslinie: Die Denkkräfte können sich impulsiv äußern, Entscheidungen werden schnell, manchmal unüberlegt getroffen. Der Abstand zeigt das Bedürfnis nach Unabhängigkeit. Vergangenes kann leichter zurückgelassen werden.
Die Herzlinie hat einen schönen Schwung hin zum Zeigefinger. Sie zeigt reiches Gefühlsleben, Begeisterungs- und Liebesfähigkeit. Diese gefühlvolle Linie gibt einen guten Ausgleich zu der etwas rational denkenden Kopf- und Merkurlinie.
Die Schicksalslinie (Saturn) ist bereits deutlich sichtbar. In den Händen von Säuglingen ist sie selten voll entwickelt. Sie wird sich später durch Lebenserfahrung prägen und den Halt und die Disziplin für verantwortliches Handeln geben.
Besonders auffällig ist die starke Ausprägung der Merkurlinie (sie läuft schräg nach oben zum kleinen Finger). Eine so deutliche Betonung zeigt Sprachbegabung, geistige Beweglichkeit, Kontaktfähigkeit und Intelligenz.
Interessant ist auch die Linie auf der Außenkante der Hand, die Plutolinie. Pluto ist der Planet der Transformation. Menschen mit dieser Linie besitzen oft mediale Fähigkeiten. Bei Erwachsenen sind sie selten, manchmal erscheint sie erst in den Händen alter Menschen. Bei Kindern sah ich sie öfter. Zeichen einer neuen Generation? Einer Generation, die besser in der Lage sein wird als die vorhergehende, Veränderungen und Wandlung zuzulassen?

Daumen

Der Daumen hat eine Sonderstellung unter den fünf Fingern: Er ist zwar kürzer, aber viel unabhängiger und beweglicher, und als einziger kann er sich gegen die vier anderen Finger stellen und Gegendruck ausüben. Er erlaubt differenziertes Greifen, Halten und Hand-Arbeiten. Ihm verdanken Primaten und Menschen ihre im Vergleich zu anderen Lebewesen überragende Geschicklichkeit.

Das Wort Daumen ist nicht von ungefähr mit dem lateinischen dominare (beherrschen) verwandt. In der Chirologie gilt der Daumen als Ausdruck des Ego und der Ich-Behauptung. In der Astrologie entspricht er dem ersten der zwölf Zeichen des Tierkreises, dem Widder, und seinem dazugehörigen Planetenherrscher Mars.

In der jüdischen Mythologie entsprechen Widder/Mars/Daumen dem Erzengel Gabriel. Er ist der kämpferischste von allen Engeln, Gottes bester Verbündeter im Kampf gegen Luzifer. Aber er ist auch der Verkünder von Zeugung und Geburt; sowohl Zacharias als auch Maria erfahren durch ihn, daß sie einen Sohn bekommen werden. Wörtlich übersetzt heißt der Name Gabriel: Stärke Gottes.

Versteckter Daumen

In den ersten Lebenswochen und Monaten verbergen Babys ihren Daumen oft in der Faust, ein Ausdruck ihrer Abhängigkeit und ihres noch nicht entwickelten Ichbewußtseins. Auch bei sehr alten Menschen habe ich diesen eingezogenen Daumen gesehen. Der Wunsch, andere zu beherrschen und sich selbst zu behaupten, schwindet vor dem Tod zugunsten von Hingabe und Ego-Auflösung.

Gesten

Ein hochgereckter Daumen mit geballter Faust drückt Anerkennung für eine vollbrachte Ego-Leistung aus.

»Ich drücke dir die Daumen«, sagt man und läßt dazu die Daumen in den Fäusten verschwinden. Die Botschaft: Ich ordne meine Wünsche deinem Ziel unter. Dein Ziel ist mir im Moment wichtiger als mein eigenes.

Seite 42:
Hand einer hundertjährigen Frau,
die fast wieder so hilflos und abhängig ist
wie ein Baby. Doch der Daumen liegt frei.
Ein Ausdruck für den Wunsch,
eigenständig zu entscheiden.
Seite 43:
Hand eines neugeborenen Babys
mit eingezogenem Daumen.

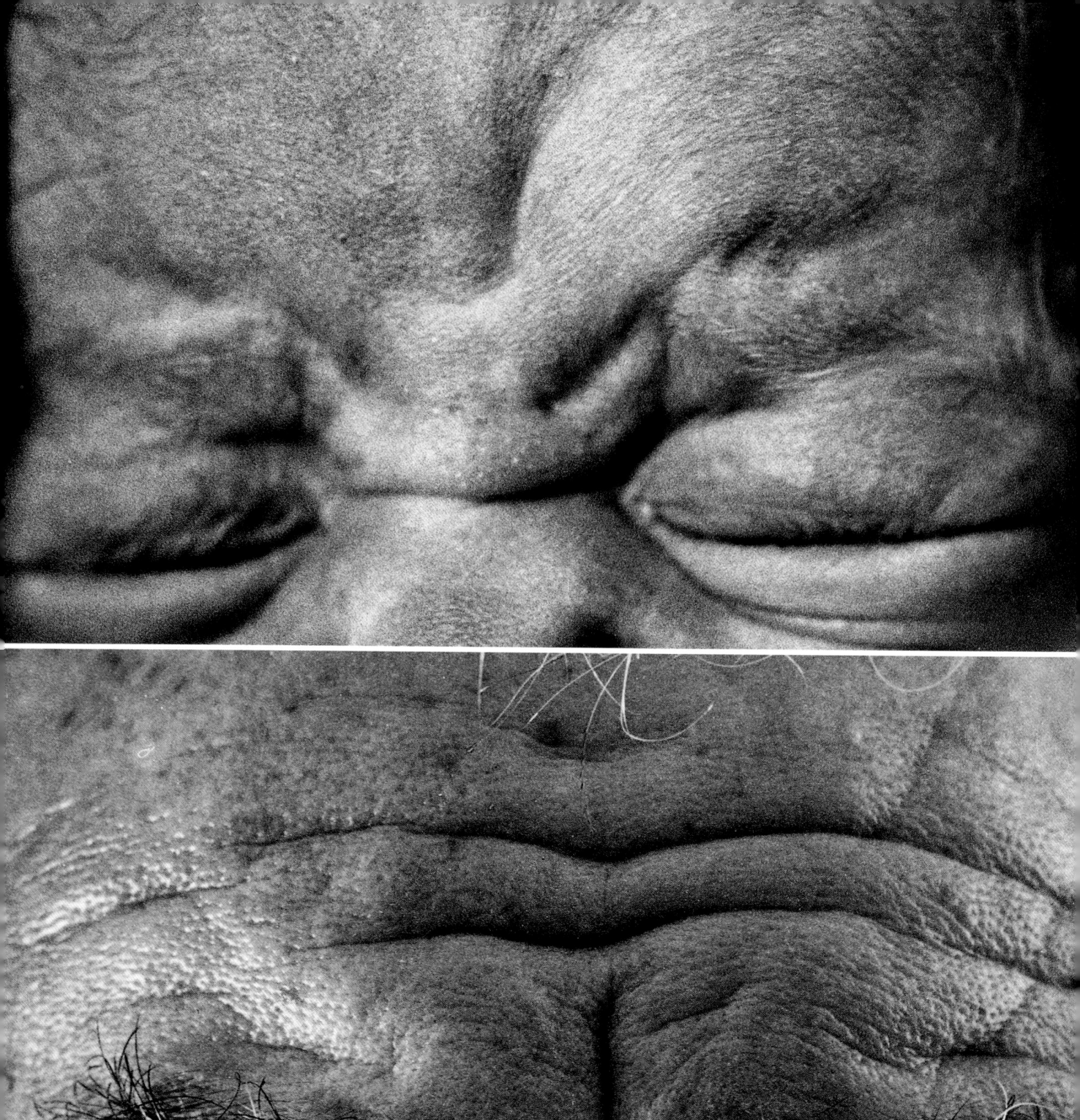

Stirn

Intuitiv wissen wir, daß Form und Aussehen der Stirn mit dem Denken zu tun haben. Die Stirn gilt als Ausdruck der geistigen Tätigkeit, während Mund und Kinn der Sinnlichkeit, der triebhaften und aktiven Seite unserer Natur entsprechen.

Aber die Stirn ist nicht nur zum Denken da. Unsere Sprache kennt die Redewendung: Jemandem die Stirn bieten. Die Stirn ist Ausdruck für die Bereitschaft, der Welt entgegenzutreten und die eigene Meinung zu vertreten, notfalls dafür einen Kampf zu riskieren – wie Böcke, die mit der Stirn aufeinander losgehen.

Zusammenspiel der Formen

Hoch oder niedrig, zerfurcht oder glatt, gewölbt oder nach hinten fliehend – in der Gesichtspartie zwischen Haaransatz und Augenbrauen zeigt sich eine große Vielfalt an Formen und Proportionen. Die Stirn isoliert zu betrachten und aus ihrer Gestalt Rückschlüsse auf das Wesen, die Denkart des Gegenübers zu ziehen, ist schwer, und die Gefahr, sich zu täuschen, sehr groß. Denn Stirn, Ohren, Nase, Augen, Kinn sind Bausteine, die nur zusammen einen Sinn ergeben. Ich bin immer wieder erstaunt, wie stimmig Gesichter in sich sind, selbst bei ungleichen, scheinbar disharmonischen Proportionen. Das erklärt auch, warum Schönheitsoperationen häufig ihren Sinn verfehlen. Oft

Oben: Stirn eines Neugeborenen
Unten: Stirn des Dirigenten und Komponisten Leonard Bernstein

spürt der aufmerksame Betrachter: »In diesem Gesicht stimmt etwas nicht«, auch wenn er nicht genau sagen kann, was da fehlt oder aus der Proportion geraten ist.

Proportionen

Augen, Haut, Ausstrahlung, Nase – vieles bestimmt den ersten Eindruck, den wir von einem Gesicht bekommen. Intuitiv erfassen wir auch die Proportionen: Welcher Teil beherrscht das Gesicht, der untere, der mittlere oder der obere? Dominiert ein viereckiges, breites, starkes Kinn? Oder wird der Blick eher auf eine besonders hohe, überragende Stirn gelenkt? Sind es die Augen (der mittlere Gesichtsteil), die das Ganze beherrschen? Bei genauer Betrachtung kann man Vergleiche ziehen. Entspricht dem starken Kinn auch eine kräftige, gut ausgebildete Stirn? Dann sind Denken (Stirn) und Handeln (Kinn) im Gleichgewicht. Dagegen sprechen ein mächtiges Kinn mit ausgeprägtem Unterkiefer und eine eher schwache Stirn für die Neigung, eher spontan und damit gelegentlich unvernünftig zu handeln. Aber auch die umgekehrte Verteilung ist zu beobachten. Es gibt Menschen mit auffallend hoher, ausgeprägter Stirn und einem flachen, nach hinten fliehenden Kinn. Weisen auch andere Merkmale in diese Richtung, handelt es sich um Persönlichkeiten, die zu großen Ideen fähig sind, aber Schwierigkeiten haben, diese in die Tat umzusetzen. Eine wichtige Vermittlerrolle zwischen oben und unten spielt die Nase. Sie ist die Brücke zwischen Stirn und Kinn, zwischen Denken und Tun.

STIRNFORMEN

Auf der Stirn wiederholt sich die Dreiteilung in einen körperlichen, seelischen und geistigen Bereich, die auf so vielen Ebenen des Körpers zu finden ist. Der untere Bereich (beginnend über den Augenbrauen) entspricht dem gedanklichen Erfassen der materiellen Welt; der mittlere der Vernunft, der Intellektualität; der obere der höchsten Form von Intelligenz – der Weisheit. Auf Gesichtsdarstellungen aus dem 16. Jahrhundert wird diese Dreiteilung oft mit Hilfe astrologischer Symbole ausgedrückt. Zwischen den Augen ist der Mond eingezeichnet (Symbol für beseelte Materie), in der Mitte der Stirn steht die Sonne (Symbol für Bewußtsein), unter dem Haaransatz der Saturn (Zeichen für vergeistigte Materie).

Dominiert in einem Gesicht die untere Stirnpartie (manchmal ist dieser Teil deutlich plastischer als der mittlere und obere), deutet das auf gute Beobachtungsgabe, praktische Intelligenz und die Begabung, konkrete Probleme zu lösen. Eine hohe obere Stirnregion mit wenig betonter Unterpartie kann einem Menschen gehören, der zwar zu tiefsten Einsichten fähig ist, doch simplen Alltagsfragen hilflos gegenübersteht.

Eine ausgeprägt nach hinten fliehende Stirn – meist kombiniert mit einem starken Hinterkopf und einem langen, kräftigen Kinn – zeigt, daß ein Mensch seine intellektuellen Fähigkeiten für das Erreichen eines persönlichen Lebenszieles einsetzen wird. Eine mehr nach vorn geneigte Stirn spricht, vereinfacht ausgedrückt, für einen Menschen, der mehr auf den anderen, auf das Du bezogen ist.

Was ein Gesicht ausdrücken kann, lehren uns immer wieder die Bilder alter Meister. Ein besonders eindrucksvolles Beispiel sind die Gesichter auf Leonardo da Vincis »Das letzte Abendmahl«. Welch ein Kontrast zwischen Jesus und Judas! Das Gesicht von Judas: hart, eher engstirnig, eine kräftige Nase, ein besitzergreifendes Kinn. Das Bild von Jesus: eine große, sich nach oben sanft erweiternde Stirn. Sie wölbt sich leicht nach vorn, ist dem Du zugeneigt.

STIRNFALTEN

Die Linien auf der Stirn entstehen durch Muskelbewegungen, die das Kind bereits vor der Geburt im Mutterleib einübt. Schon sieben Wochen nach der Befruchtung sind sie auf der Stirn des winzigen menschlichen Embryos in der Anlage zu erkennen. Durch die Anstrengung des Geborenwerdens zeigt sich ein komplettes Muster im Gesicht des Neugeborenen, das dann wieder verschwindet. Erst im Lauf der Jahre prägen sich die Linien ein, sind bereits im Gesicht von Jugendlichen als ganz feine »Ritzer« zu sehen. Und irgendwann, im älteren Gesicht, glättet sich die Stirn auch nicht mehr, wenn die entsprechenden Muskeln in Ruhestellung sind.

Falten zeigen, in welchen Bereichen Anstrengung stattgefunden hat und weiterhin stattfindet, welche Bereiche der Stirn (des Denkens) aktiviert werden und auf welche Weise die Gedanken des Betreffenden sich ausdrücken.

LÄNGS UND QUER

Die typischen Querfalten auf der Stirn entstehen durch Hochziehen der Augenbrauen und weites Öffnen der Augen. Wer die Augen öffnet, will weit sehen, will die Welt verstehen und durchschauen. Aber weit aufgerissene Augen und die dazugehörigen Furchen über den Brauen können auch Ausdruck für höchstes Erstaunen oder Schreck und Entsetzen sein. Es gibt Menschen, denen der Schrecken über die Welt buchstäblich ins Gesicht, in die Stirn geschrieben steht.

Die Senkrechtfalten (häufig zwei, rechts und links von der Nasenwurzel, seltener eine einzige in der Mitte zwischen den Brauen) entstehen durch Zusammenziehen der Augen. Wer die Augen zusammenzieht, will genau hinschauen, Details erfassen, wird vielleicht vom Leben dazu gezwungen, sich auf ein Ziel zu konzentrieren. Noch ausdrucksstärker ist die einzelne, steile Falte in der Mitte. Scharf trennt sie rechts und links, zeigt daher die Neigung, unbeirrt seinen Weg zu verfolgen, kann Zeichen sein für einen starken, unnachgiebigen Willen. Häufig ist sie auch im Gesicht grüblerischer, sorgenvoller Menschen zu finden. Zukunftsangst oder die Unfähigkeit, sich von quälenden Erinnerungen zu lösen, drücken sich hier aus.

Beim Neugeborenen (Seite 44 oben) ist die Willensfalte zwischen den Augen bereits deutlich sichtbar. Sie wird bald verschwinden, um erst im späteren Leben wieder aufzutauchen. Das gilt auch für die horizontale Falte zwischen den Brauen auf dem Nasenrücken. Eine solche Linie ist Zeichen für eine Hemmung bei der willentlichen Umsetzung von Gedanken. Die Gedankenkräfte können nicht ruhig und ungestört in die Nase (Ausdruck des Willens) fließen, sondern müssen einen Widerstand überwinden.

Was muß ein Mensch mit einer ausgeprägten »Hemmfalte« im Gesicht lernen? Statt ewig gegen Hindernisse anzurennen – nachgeben können, ohne sich dabei zu verlieren.

Auch auf der auf Seite 44 unten abgebildeten Stirn fällt die tiefe senkrechte Willensfalte auf. Die kräftigen Längsfalten im mittleren Bereich der Stirn zeigen die Vielfalt der Interessen, die Flexibilität im Denken. Für Leonard Bernstein war es wichtig, sich mit großer Energie auf immer nur eine Sache zu konzentrieren (daher die steile Falte zwischen den Augen), um sich nicht zwischen seinen vielen Begabungen (Stirnfalten) zu verzetteln.

Man kann Falten auch als »Barrieren« in der Stirn sehen, die zeigen, wo der freie Fluß der Gedankenkräfte gehemmt ist. Dann ist die einzelne, steile vertikale Falte zwischen den Augenbrauen Ausdruck für eine gewisse Unversöhnlichkeit im Denken. Rechts und links sind scharf getrennt, es gibt für diesen Menschen kein Sowohl-als-Auch, sondern nur Entweder-Oder.

Querfalten zeigen Vielfalt, sie haben verbindenden Charakter, Längsfalten konzentrieren und haben eine trennende Wirkung.

Augen

Im Mutterleib spielen die Augen, im Gegensatz zu den Ohren, noch keine große Rolle. Es gibt zwar schon viel zu hören, aber nur wenig zu sehen. Ein dunkles Rot, einige Hell-Dunkel-Kontraste, das ist alles. »Es hat das Licht der Welt erblickt«, sagen wir von einem Neugeborenen. Was für ein überwältigendes Erlebnis muß es sein, von einer Minute auf die andere die Welt zu erblicken!

Im Augenblick der Geburt sind die Augen nur wenig geöffnet. Der erste Blick wirkt eher erschrocken, aber bereits wenige Minuten später wird der Blick groß. Trinkt das Neugeborene zum erstenmal an der Brust, saugt es nicht nur, sondern schaut unverwandt die Mutter an. Sehen ist ein ebenso großartiger sinnlicher Genuß wie Schmecken, Riechen, Fühlen.

Der strahlende, glänzende Blick von Babys und Kleinkindern berührt uns innerlich zutiefst. Er ist klar und unverstellt.

Unschuldiger Blick

Es ist dieser »unschuldige Blick«, den ich als Werbefotograf häufig in die Augen der Models hineinzaubern soll. Offene Kinderaugen wirken vertrauenerweckend, anziehend – für viele Produkte verkaufsfördernd. Schon bei der Auswahl des Models achte ich auf die Augen.

Wie müssen sie sein, um offen zu wirken? Leicht oval, möglichst viel Weiß im Auge soll zu sehen sein, die Augen selbst sollen eher weit auseinanderstehen und die Brauen dünn sein. Helle Augen werden in der Werbung bevorzugt, denn sie vermitteln Leichtigkeit. Dunkle Augen dagegen wirken unergründlicher, tiefer, sinnlicher und nicht so unschuldig.

Natürlich wird in der Werbung nicht immer ein »unschuldiger« oder »sinnlicher« Blick verlangt. Für eine Versicherung sollte ich sorgenvoll schauende Menschen fotografieren, die sich Gedanken um ihre Zukunft machen. Und so erreichte ich den gewünschten »sorgenvollen Blick«: Ich wählte Gesichter mit dichteren Brauen und schmaleren, ein wenig enger zur Nase stehenden Augen, bei denen wenig vom Weiß zu sehen war. Und ich bat sie, den Blick leicht zu senken.

Mit diesen Beispielen aus der Fotografie möchte ich zeigen, daß Physiognomik keine trockene, weltferne Wissenschaft ist, sondern im Gegenteil alltägliche, von der Werbung genutzte Praxis. Ganz selbstverständlich schließen wir von Gesichtsmerkmalen auf das Wesen oder die Stimmung anderer Menschen. Ganz besonders lassen wir uns dabei intuitiv von den Augen, dem Blick leiten.

Ehrliche Augen?

Aber wie weit können wir uns auf unsere Intuition verlassen? Können Augen lügen? Man macht jemandem schöne Augen, sagt der Volksmund. Man schmeichelt, betört in nicht ehrlicher Absicht. Auch durch ein gutes Make-up läßt sich der Blick manipulieren. Und doch habe ich die Erfahrung gemacht: Schwerer als der Ausdruck des Mundes, des ganzen Gesichts lassen sich die Augen verstellen.

Oft sprechen die Augen eine völlig andere Sprache als der Rest der willentlich kontrollierten Mimik. Sie bleiben vielleicht traurig, teilnahmslos oder glanzlos, wenn man sich bemüht, Begeisterung zu heucheln. Oder sie scheinen zu lachen, wenn man sich eigentlich streng geben will. Augen sind der Spiegel der Seele, heißt es zu Recht.

Zweiäugig, einäugig

Auch bei den Augen gibt es die Rechts-Links-Polarität. Das *linke* Auge gilt in alten Traditionen als Mond-Auge, als Sitz der Gefühle, der persönlichen Geheimnisse, der Erinnerungen und der weiblichen Seite im Menschen. *Das rechte* gehört zur Sonne, ist Sitz des klaren Bewußtseins, spiegelt unser Selbstbild, unsere bewußte, aktive Seite. »Er/sie ist auf dem *rechten* Auge blind«: Mit diesem volkstümlichen Ausdruck werden Menschen bezeichnet, die den Dingen nicht mit der Kraft des Bewußtseins auf den Grund gehen. Bei den meisten Menschen sind die Augen verschieden groß. Auch der Ausdruck ist nicht gleich, ein Zeichen der zwei unterschiedlichen Wesen in uns.

Es hat einen tiefen Sinn, wenn Gott in vielen spirituellen Traditionen als ein von einem Strahlenkranz umgebenes Auge dargestellt wird. Gott ist vollkommen und daher »einäugig«. Das Bewußte und das Unbewußte sind ungetrennt.

Geschlossene Augen

Die Augen sind aktiv und passiv, gleichzeitig Sender und Empfänger. Wir senden Blicke aus, und diese haben viel Kraft, »können sogar töten«, sagt man. Gleichzeitig stürmen pausenlos optische Reize auf uns ein.

Wann und warum schließt ein Mensch die Augen? Um Ruhe zu haben, sich ein Stück von der Welt zurückzuziehen. Aber auch, um einer anderen Sinneswahrnehmung mehr Intensität zu verleihen. So ißt man zwar auch mit den Augen, doch um wirklich zu schmecken, schließt der Feinschmecker die Augen. Und wer intensiv Musik genießen möchte, tut dies mit geschlossenen Augen.

Wer die Augen schließt, will vielleicht auch nach innen schauen, seine Innenwelt erforschen. Geöffnete Augen zeigen bewußte Aktivität, geschlossene sind Ausdruck von Hingabe an inneres Erleben, von passivem Aufnehmen und Empfangen. Von Ego-Auflösung – so wie im Schlaf, dem »kleinen Bruder des Todes«. Der Schlafende überläßt sich der Welt der Träume und des Unbewußten, einer Welt, in der man nicht sündigen kann, denn auch »böse« Träume sind nicht strafbar.

Geschlossene Augen machen schutzlos. Das Gesicht gibt anderes preis als im wachen Zustand. Oft ist es schöner, weicher als mit offenen Augen. Aber wer weiß schon von sich selbst, wie er mit geschlossenen Augen aussieht? Nur das Foto macht es sichtbar.

Bemerkenswert an den Gesichtern der schlafenden Neugeborenen ist das leise Lächeln. Es zeigt vielleicht die Freude über das neugeschenkte Leben, über die neuen Möglichkeiten, aktiv zu werden und die von den Ahnen mitgebrachten Erfahrungen zum Besseren fortzusetzen.

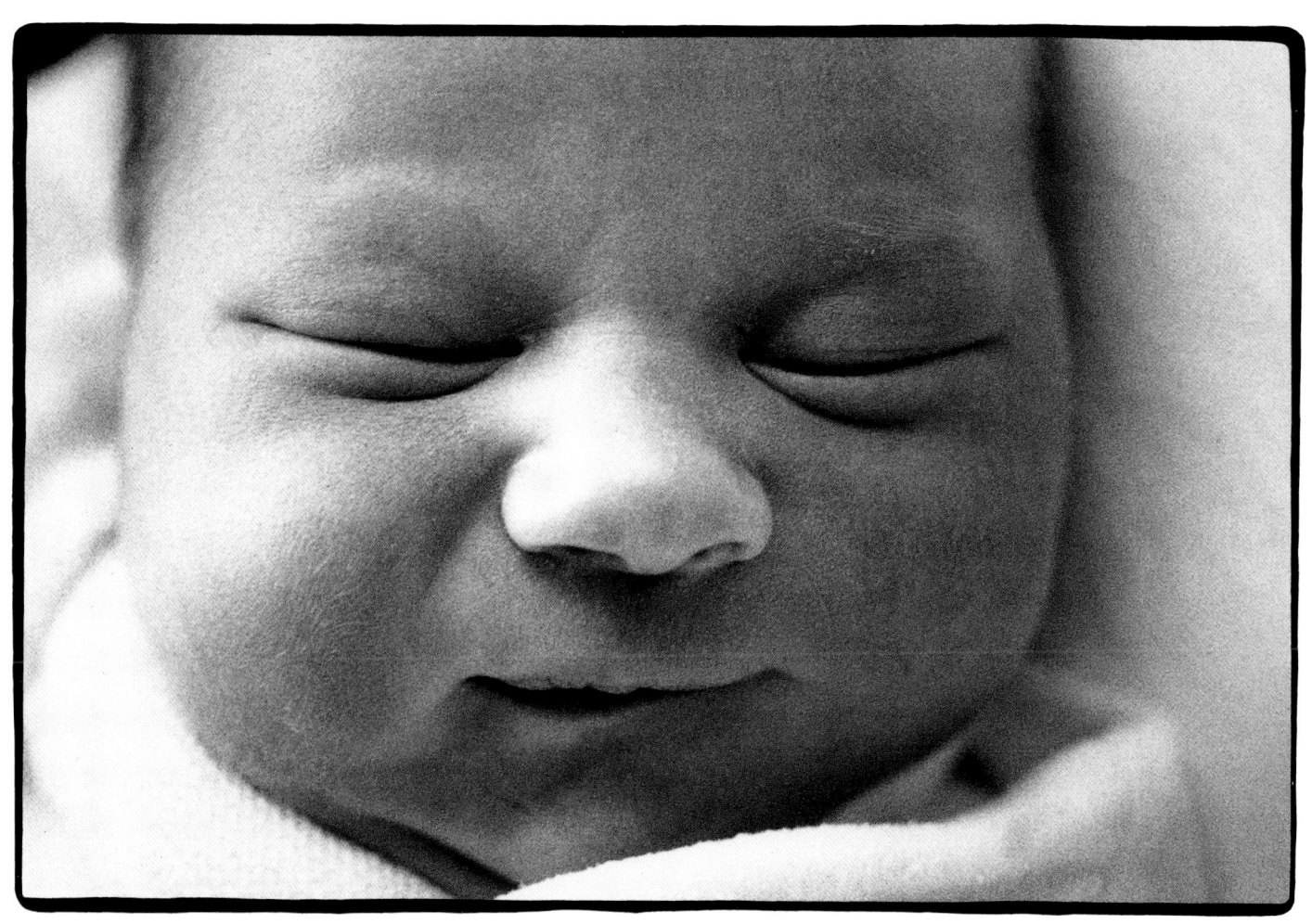

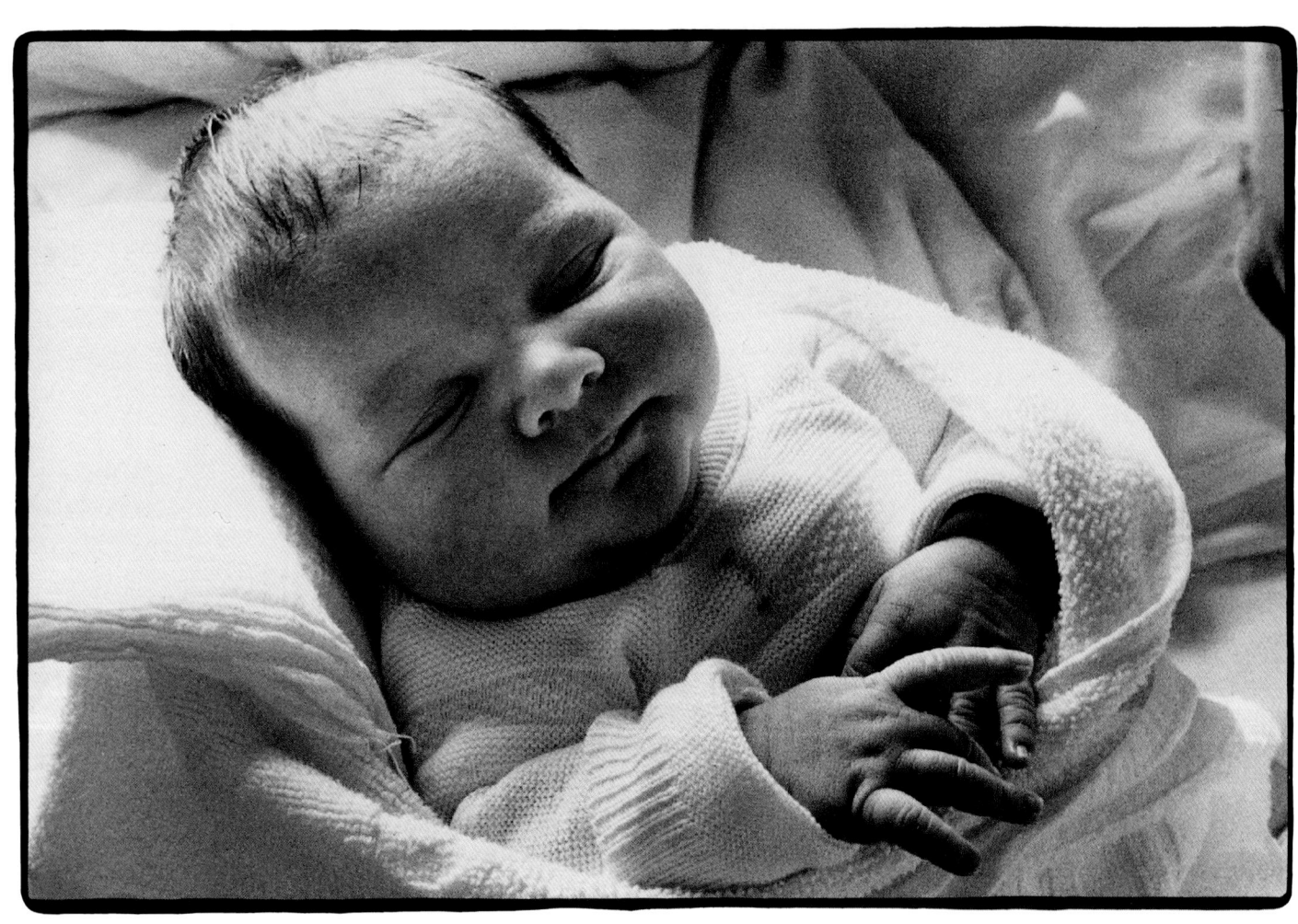

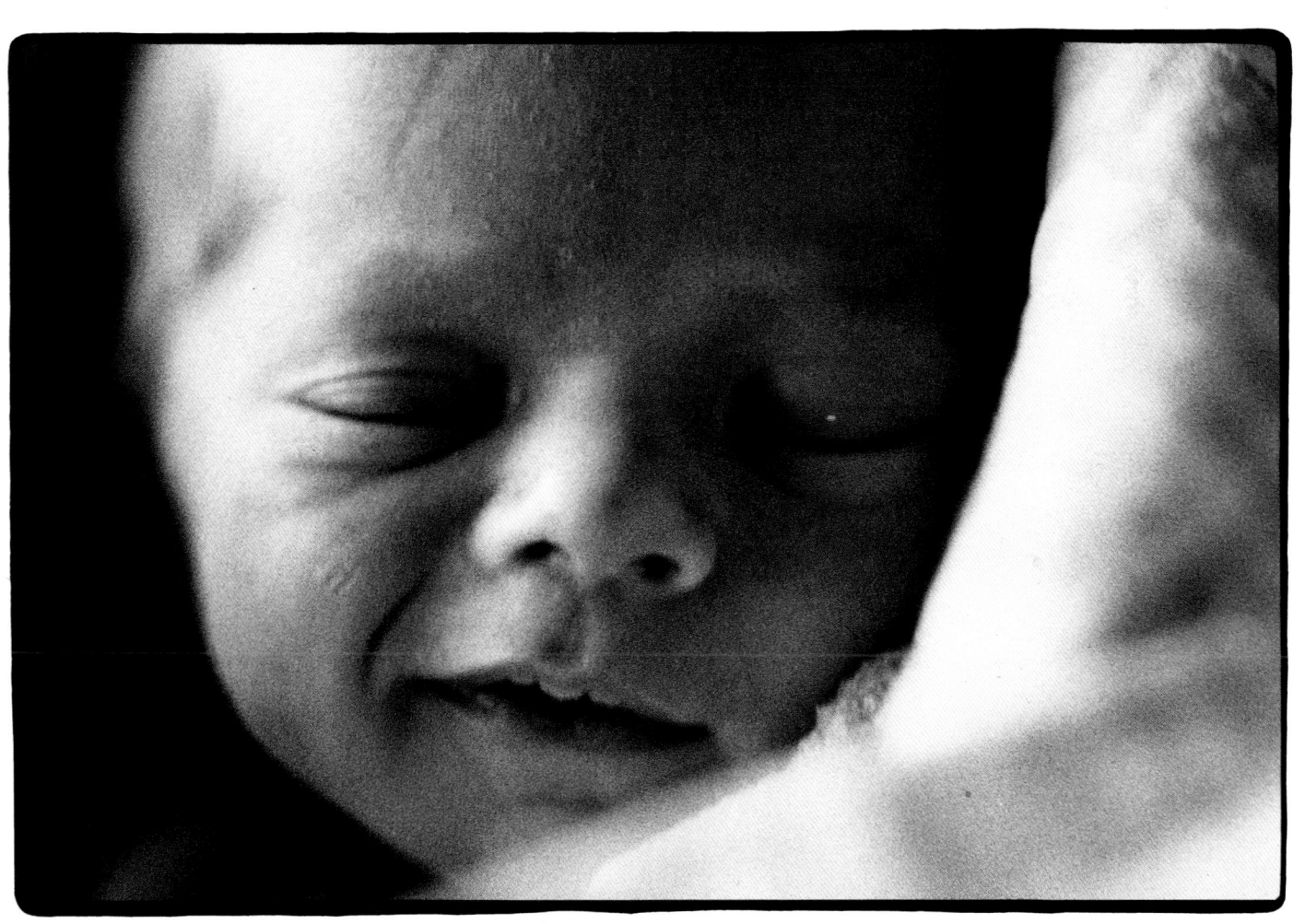

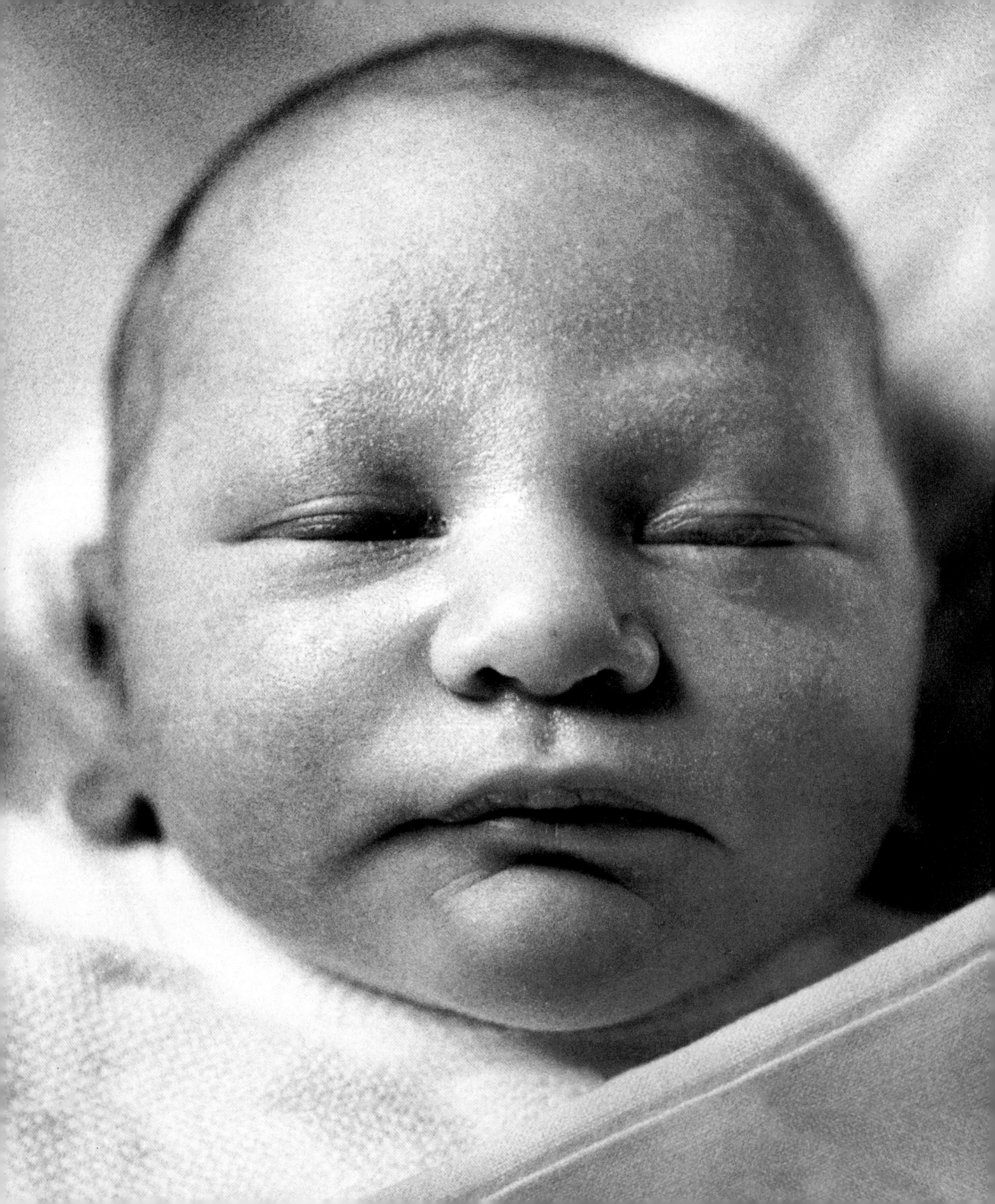

Links und Rechts

Als Porträtfotograf beleuchte ich ganz intensiv mal mehr die linke, mal mehr die rechte Gesichtshälfte. Manchmal präsentierten mir fotoerfahrene Prominente automatisch eine bestimmte Gesichtshälfte. Das ist meine gute, meine fotogene, meine bessere Seite, sagten sie. Und natürlich berücksichtige ich ihre Wünsche. Ich wollte doch »schöne« Bilder machen. Warum sollten sich meine Modelle nicht von ihrer »besten Seite« zeigen?
Warum, fragte ich mich, bevorzugen sie eine ihrer Seiten und verbergen die andere?

Gefühl und Verstand

Zwei Seiten in einem Gesicht, zwei Seelen in einer Brust, zwei Wesen in einem Menschen – das alles hat eine Entsprechung im Gehirn. Hier sind es zwei Hemisphären, die zwar miteinander verbunden sind, aber unterschiedliche Aufgaben übernommen haben. Die Differenzierung beginnt zwar schon sehr früh, ist aber erst beim fünfjährigen Kind endgültig getroffen.
Die *rechte* Gehirnhälfte ist zuständig für die Fähigkeit, in Bildern und Symbolen zu denken, Formen und Räume zu sehen, Dinge ganzheitlich zu verstehen. Hier werden die Gefühle wahrgenommen, hier findet die nächtliche Aktivität des Träumens statt. In der *linken* Seite des Gehirns ist jene Fähigkeit angelegt, die wir im allgemeinen als rational bezeichnen: logisches Denken, Analysieren von Zusammenhängen, Übersetzen von Gedanken und Gefühlen in Sprache.

Beweise für die Arbeitsteilung der Hemisphären liefern Erfahrungen mit Unfallopfern, bei denen bestimmte Zonen des Gehirns ausgefallen sind. So erkennt ein Mensch ohne intakte rechte Gehirnhälfte zwar Nase, Kinn und Augen seines Gegenübers, er weiß aber nicht, wer diese Person ist, weil er das Gesicht nicht mehr als Ganzes sehen kann. Um mir selbst die unterschiedlichen Funktionen der beiden Gehirnhälften klarzumachen, ziehe ich oft das Beispiel der Musik heran. In der rechten Gehirnhälfte ist Musikalität und das ganzheitliche Erfassen einer Melodie angelegt. Mit der linken Seite können wir Noten lesen oder ein Musikstück in Form von Noten niederschreiben. Übertragen auf meinen eigenen Beruf: Mit der rechten Gehirnhälfte erfasse ich intuitiv die Gesamtheit eines Motivs, mit der linken bewältige ich mehr die technischen Funktionen der Kamera und erfasse die Details eines Bildes. Bei jeder Tätigkeit sind immer beide Hemisphären beteiligt, tauschen Informationen aus und »kontrollieren« sich gegenseitig.
Die *rechte* Seite des Körpers, also auch des Gesichts, wird von der *linken* Gehirnhälfte gesteuert; die gesamte *linke* Seite steht unter der Regie des *rechten* Gehirns. Lange vor den Entdeckungen der Naturwissenschaft war den Menschen diese Polarität bekannt. In der Astrologie beispielsweise galt die linke Seite des Gesichts schon immer als die »Mond-Seite« des Menschen. Der Mond steht für die Vergangenheit und unsere Erinnerung, für Träume, Ahnungen, Gefühle. Die rechte Seite wird von der Astrologie als die »Sonnen-Seite« gesehen. Sonne bedeutet in der Astro-

logie Ich-Bewußtsein und Klarheit im Denken und Handeln. In anderen Traditionen ist es üblich, die linke Gesichtsseite als die weibliche, unbewußte zu deuten, die rechte als Ausdruck der männlichen Seite in unserer Natur.

DIE DREI GESICHTER DES MENSCHEN

Vor diesem Hintergrund ist es nicht besonders erstaunlich, daß menschliche Gesichter asymmetrisch sind. Oft ist ein Auge etwas größer, eine Seite vielleicht insgesamt kleiner, ein Mundwinkel mehr nach oben oder nach unten gezogen. Je unterschiedlicher die zwei Seiten, desto größer ist die Spannung des betreffenden Menschen zwischen seiner Gefühls- und seiner Verstandesseite, zwischen seinem unbewußten und seinem bewußten Leben.

Um diese Asymmetrie besser zu erkennen, halbierte ich Porträtaufnahmen und setzte sie neu zusammen. Rechts zu rechts und links zu links. So entstanden zwei völlig neue und unterschiedliche Gesichter. Im Gesicht aus den zwei Linksseiten sehe ich mehr den privaten Menschen, oft auch – sogar in einem Greisengesicht – das Kind. Im Gegenbild erscheint mir der Mensch so, wie er sich dem Leben stellt.

DIE »SCHÖNE« SEITE

Bei meinen Vergleichen stellte ich fest, daß die rechte Gesichtshälfte, also die rationale, bei den meisten Menschen offener, belebter, dynamischer aussieht als die linke. Sie wird hauptsächlich bei Männern als die »bessere« Seite gesehen. Bei den Frauen ist es ein wenig anders. Sie scheinen mehr ihre linke (weibliche) Seite zu mögen.

Möglich, daß die Präferenz der rechten Gesichtsseite nicht nur so etwas wie eine unbewußt getroffene, persönliche Wahl ist. Vielleicht hat sie sich auch in den Jahrmillionen der menschlichen Evolution herausgebildet. Warum sonst wären die meisten Menschen Rechtshänder? Auch soll die linke Gehirnhemisphäre (zuständig für die rechte Seite des Gesichts) bei fast allen Menschen in unserer Kultur minimal größer sein als die rechte. Vielleicht, weil den vernünftigen, rationalen, männlichen Aktivitäten mehr Raum gegeben wird als den intuitiven, weiblichen. Das rechte Gehirn neigt dazu, die Dinge negativ und emotional zu sehen, während das linke Gehirn mehr positiv und logisch ist.

Erstaunlicherweise konnte ich auch schon bei Neugeborenen oft so einen »Rechtsdrall« beobachten. In Ruhestellung sind die Gesichter von Babys noch viel symmetrischer als bei Erwachsenen. Aber die meisten von ihnen habe ich bevorzugt mit der rechten Seite des Mundes lächeln sehen. Überhaupt scheint die gesamte rechte Gesichtsseite schon bei den ganz Kleinen aktiver zu sein.

Ich kenne eine Frau, die immer nur mit der rechten Seite ihres Mundes lächelte. Als sie darauf angesprochen wurde, versuchte sie sich ganz bewußt ein linkes Lächeln anzutrainieren. Doch ist es nicht sinnvoller, sein Gesicht besser kennenzulernen, die darin enthaltenen Asymmetrien zu sehen und zu verstehen – ohne manipulieren zu wollen? Selbsterkenntnis, Selbstverständnis und Selbstakzeptanz finden ganz von selbst ihren Niederschlag im Ausdruck des Gesichts und führen zu mehr Harmonie, wo vielleicht zu viel Spannung bestand. Spannungen können aber auch zur kreativen Auseinandersetzung mit diesen unterschiedlichen Seiten in uns führen. So haben gerade Künstler oft zwei recht unterschiedliche Gesichter.

Auf den nächsten Seiten zeige ich Gesichter und Gesichtshalbierungen, die den Unterschied zwischen rechts und links besonders deutlich machen.

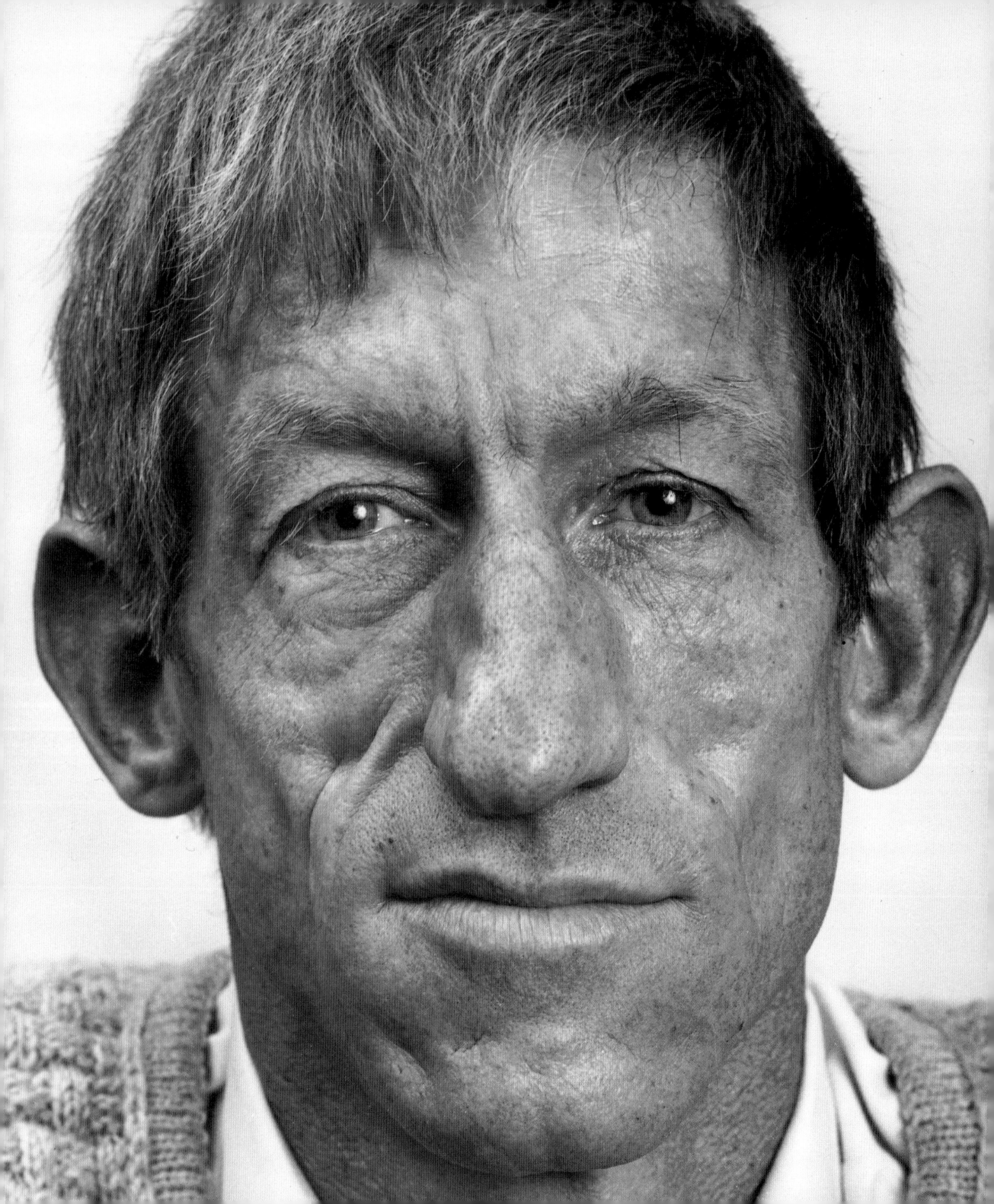

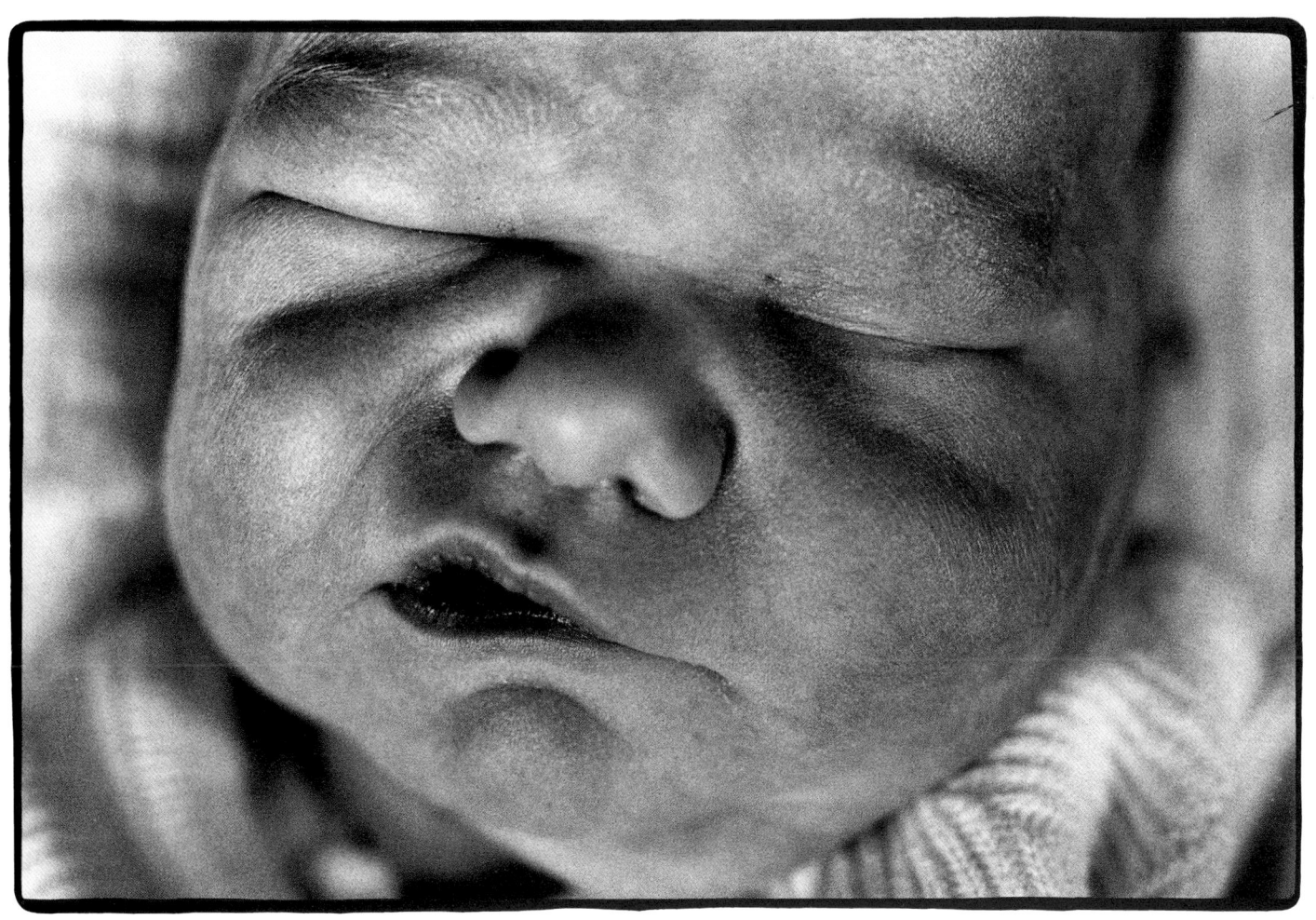

Wie sich die Bilder gleichen: ein Neugeborenes und der Schauspieler Volker Prechtel. Rechts geht vor links – schon beim Baby ist es deutlich zu sehen: Der erste Anflug eines Lächelns, jetzt noch ein Reflex, kräuselt und zieht den rechten Mundwinkel hoch. Beim Erwachsenen hat sich dieser Rechtsdrall über die Jahre buchstäblich »eingefleischt«.

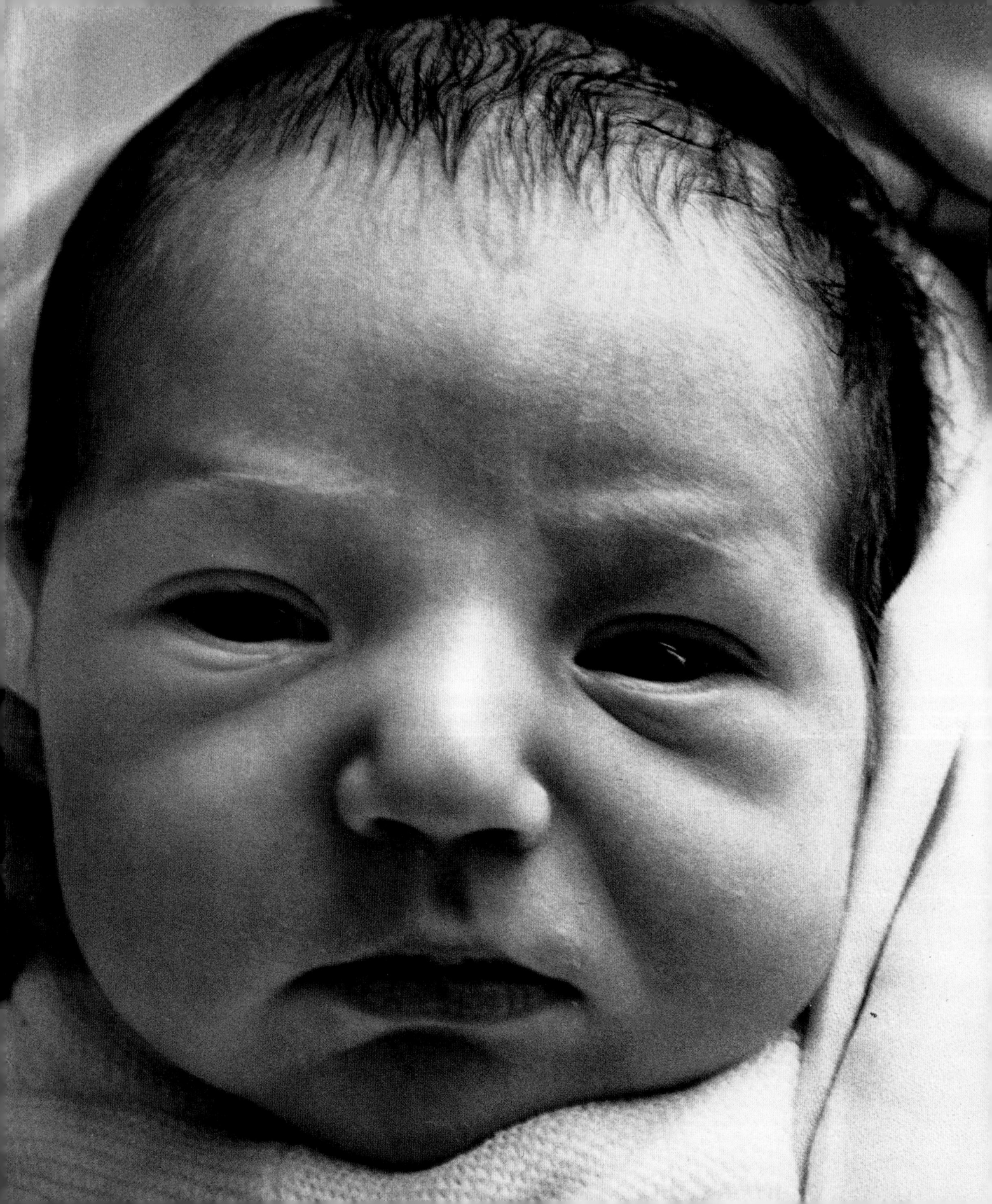

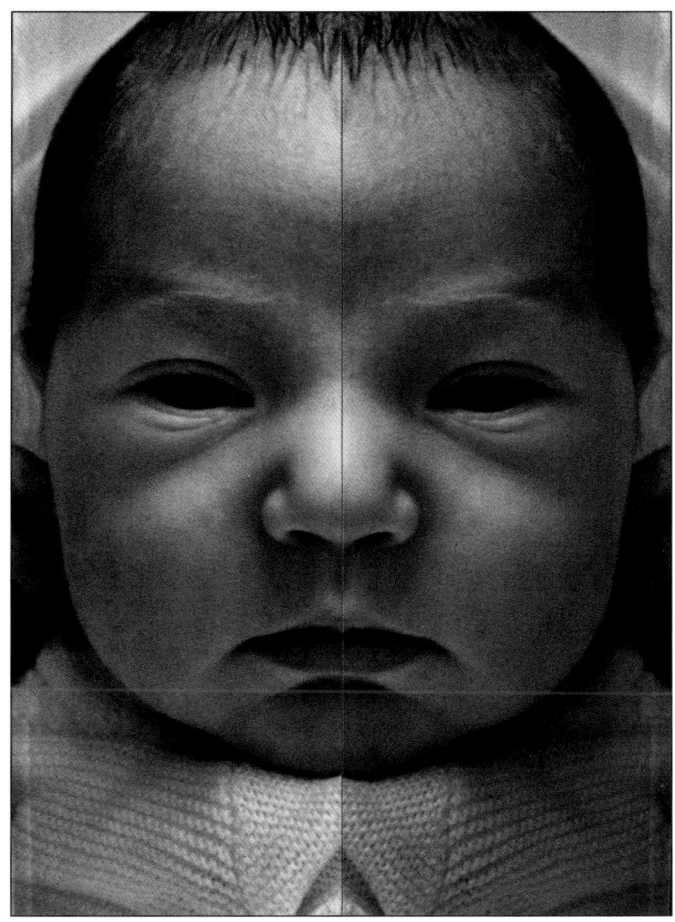
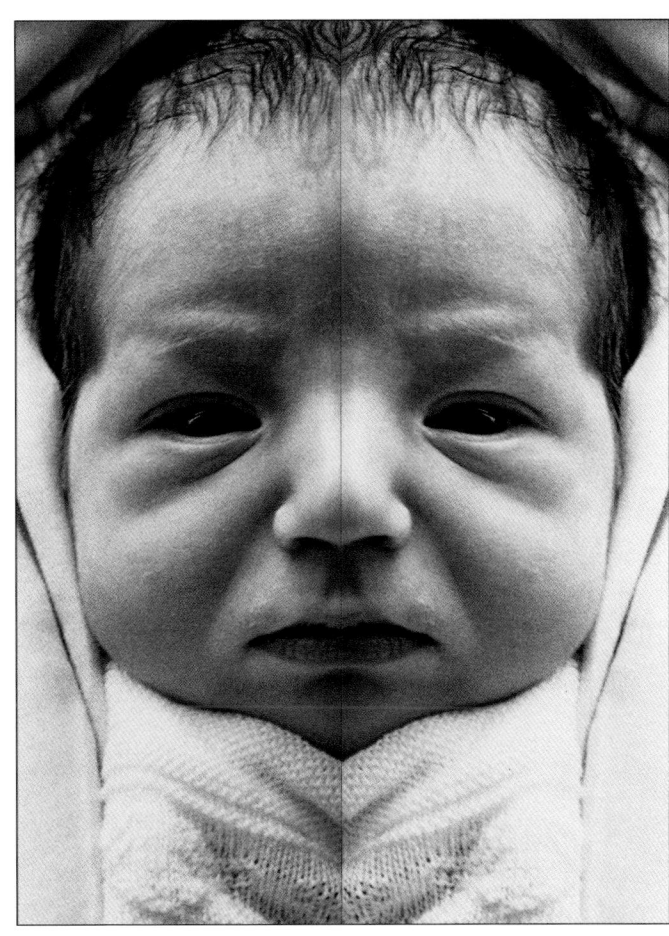

Rechte Gesichtshälften　　　　　　　　　　　　　　　　　　　　Linke Gesichtshälften

Im Gesicht eines Neugeborenen ist ständig etwas los: es blinzelt, zuckt, verzieht Nase und Mund. Alles nur ein zufälliges Spiel der Muskeln, die trainiert werden? Oder hat das Kind bereits eine Schokoladenseite, die es aktiver bewegt? Halbiert man das Gesicht, entstehen zwei völlig verschiedene Wesen. Das linke Bild strahlt mehr Gelassenheit aus; das rechte wirkt so, als sei dem Kind zum Weinen zumute.

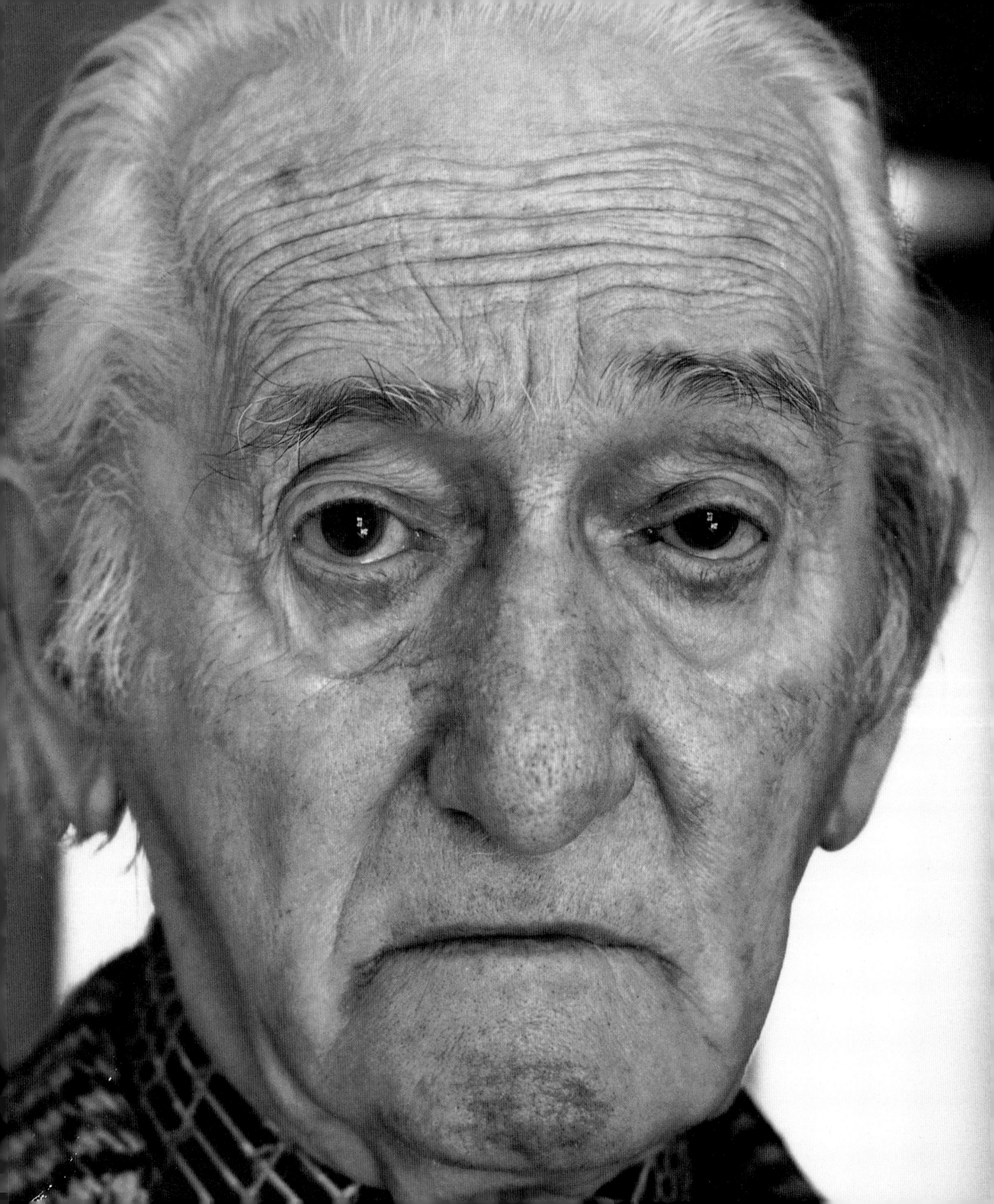

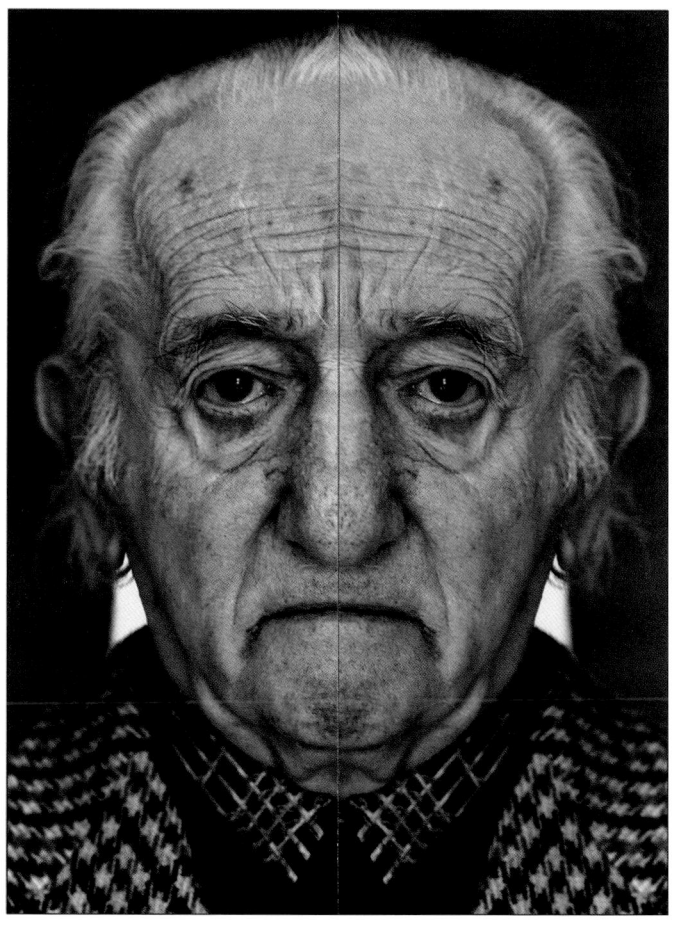
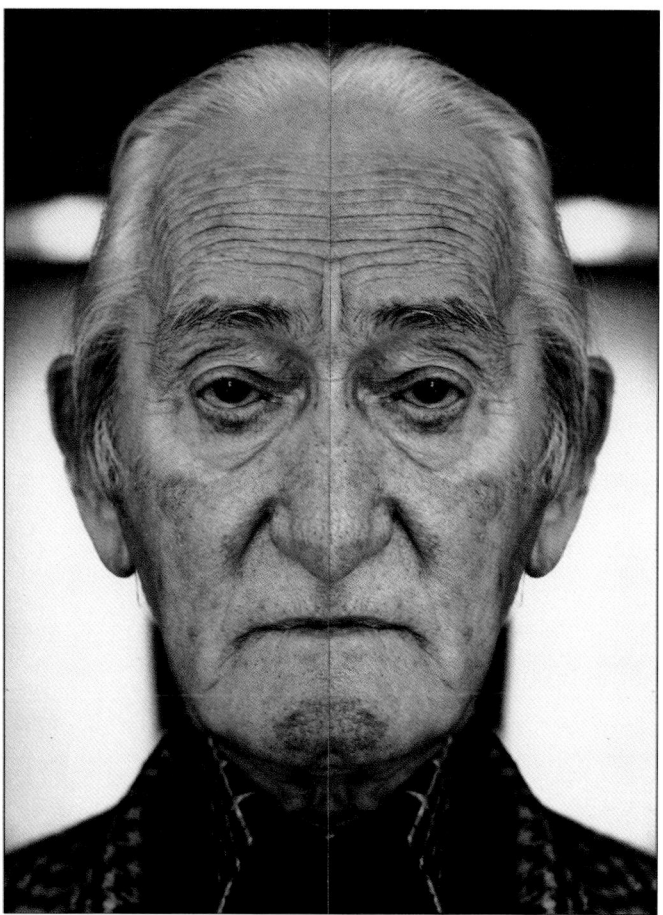

Rechte Gesichtshälften					Linke Gesichtshälften

Ein Mann, zwei Gesichter: der Pianist Stefan Askenase, aufgenommen in seinem 89. Lebensjahr. Das linke Gesicht ist voller Willenskraft, entschlossen, durchzuhalten, nicht aufzugeben. Im rechten Gesicht spürt man eine traurige Seele. Der Ausdruck der Augen ist müde, schicksalsergeben. Ein vielleicht ursprünglich vergnügtes Gesicht, jedoch vom Ernst des Lebens gezeichnet.

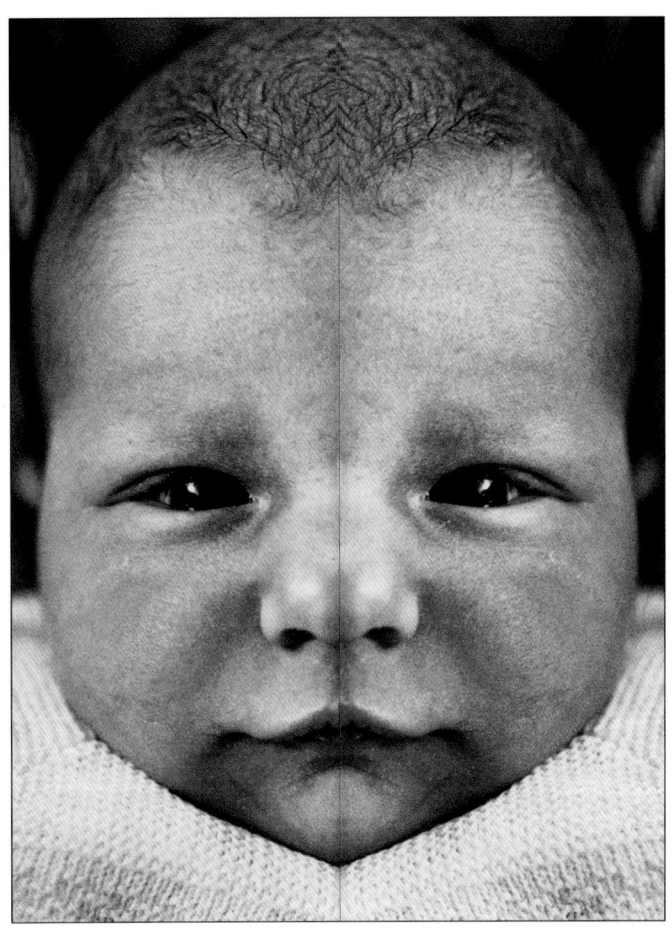
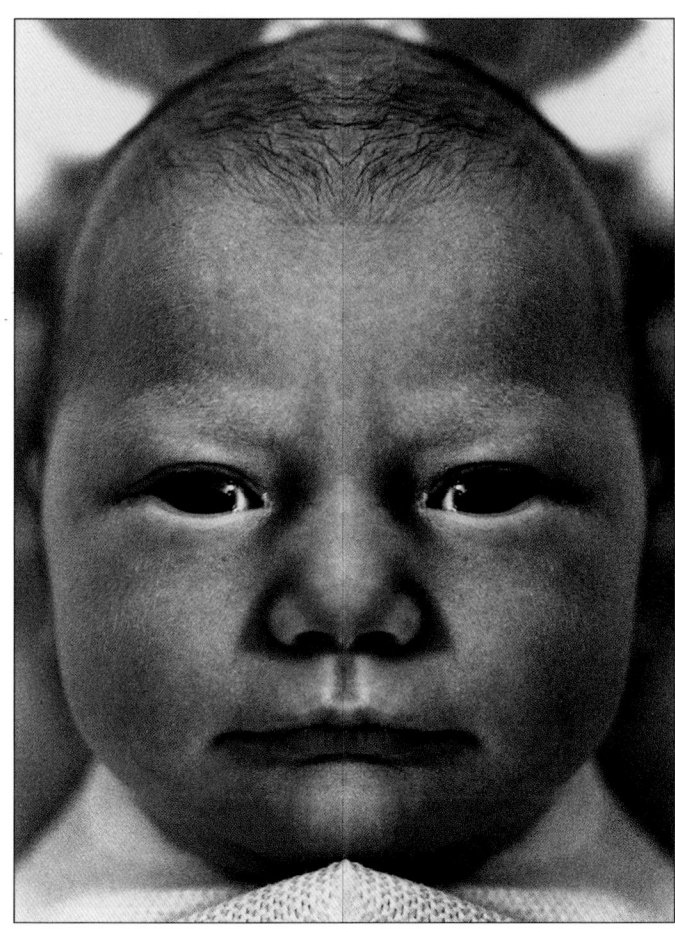

Rechte Gesichtshälften Linke Gesichtshälften

Die rationale Gesichtsseite (linkes Bild) zeigt ein sanftes Lächeln. Sie wirkt heiter und sorgenfrei. Die Gefühlsseite (rechtes Bild) scheint nicht recht zu wissen, warum die andere Seite so fröhlich ist.

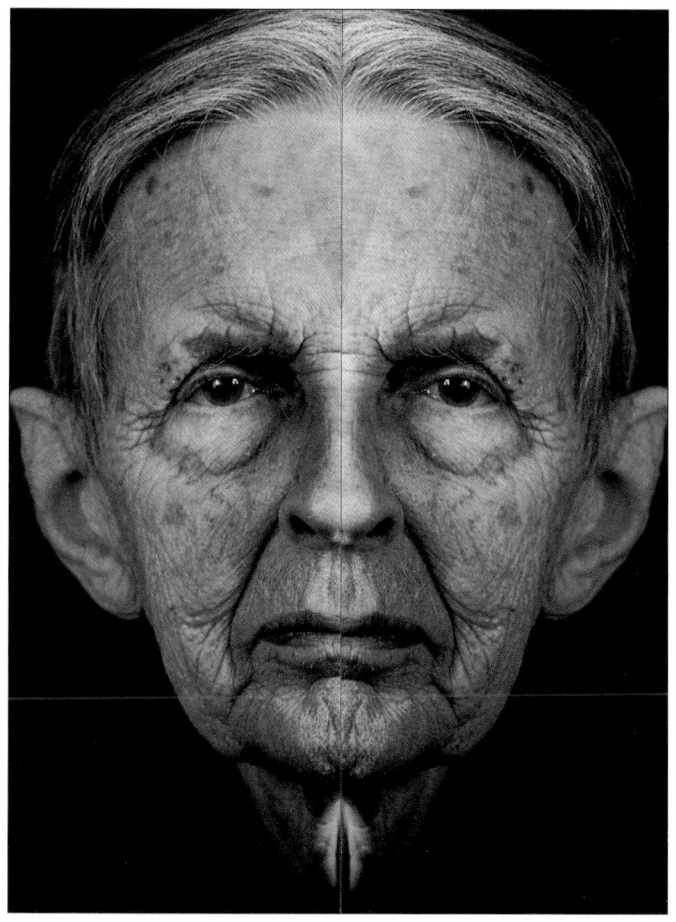 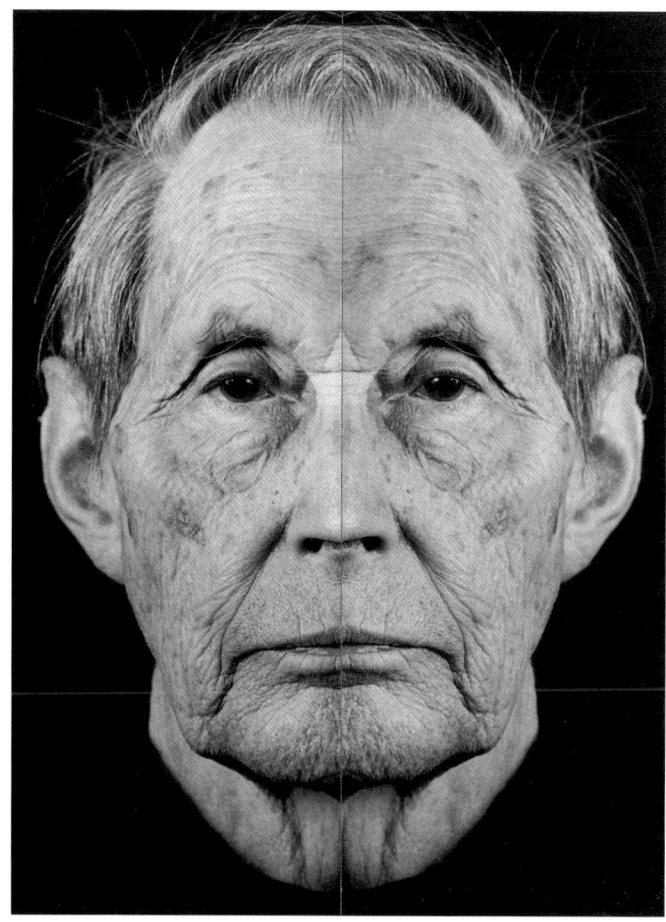

Rechte Gesichtshälften   Linke Gesichtshälften

Gemeisterte Gefühle: Der Jesuit und Zen-Meister Hugo M. Enomiya Lassalle. Die Gefühlsseite (rechtes Bild) ist wie in Stein gemeißelt. Dieser Mann hat es geschafft, seine Triebe zu beherrschen. Aber unter welchen Opfern und Entbehrungen? Die Braue seines linken Auges ist ein wenig nach oben gezogen, als wolle er mit diesem Auge mehr sehen. Und doch geht der Blick nach innen, wirkt, als wolle er sich nicht von der Außenwelt ablenken lassen. Die aktive, rationale Seite (linkes Bild) ist zugänglicher, wärmer, offener. Das Auge leuchtet, der Blick ist freier.

VOLKER PRECHTEL

Die Aufnahme entstand, als der Schauspieler 45 Jahre alt war. Prechtel spielte unter anderem den unheimlichen Giftmischer in »Im Namen der Rose« und wirkte in vielen Filmen von Werner Herzog mit. Es war angenehm, Prechtel zu fotografieren, der so selbstverständlich sein eigenes Aussehen akzeptierte. Die lange Nase und die großen Ohren, ein »lustiges« Gesicht jenseits jeder Norm – er hatte keine Probleme damit.

Was erzählt dieses Gesicht? Trotz der etwas »ruppigen« Falten ist das Gesicht gefühlvoll und nicht hart. Prechtel empfindet sich selbst als Gefühlsmensch, dem es schwer fällt, nein zu sagen. Doch die kräftige Nase zeigt auch ein starkes Wollen. Wollen ist nicht dasselbe wie der Wille. Wollen kommt mehr aus dem Bauch, ist unreflektiert – Wille hat mit dem Kopf, mit den bewußten Vorstellungen zu tun.

Auffällig ist das eher dicke und weiche Ende der Nase. Das spricht für einen Menschen mit einem guten »Riecher«, der seinen Instinkten folgen kann. Das große Kinn verrät Durchsetzungskraft. Und doch gehört das ganze Gesicht nicht zu einem Mann, der seinen Willen um jeden Preis, auf Kosten anderer und mit rücksichtslosen Ellenbogen durchsetzt.

(Foto Seite 60/61)

STEFAN ASKENASE

Ihn fotografierte ich 1984, einen Tag nach einem Konzert. Er war 88 Jahre alt. Wann immer ich einen Film wechselte oder mit der Kamera beschäftigt war, huschte er an seinen Flügel und spielte. Er konnte nicht anders. Das Spiel war seine Leidenschaft. Askenases Mutter, selbst Pianistin und Schülerin eines Chopin-Schülers, war seine erste Lehrerin.

Von allen Komponisten liebte er Chopin am meisten, vielleicht auch, weil er selbst in Polen geboren und aufgewachsen war.

Leidenschaft und enormer, fast trotziger Lebenswille prägen sein Gesicht. Der Mund ist schmal geworden, die Lippen wirken zusammengepreßt – durchhalten, nicht aufgeben, lese ich darin. So lobten Musikkritiker mehr noch als seine Virtuosität und die Flexibilität der Finger sein Temperament, seine Nervenstärke und die Gedächtnisleistung selbst in diesem hohen Alter.

Schaue ich nur die private, die Gefühlsseite an, sehe ich in diesem Greisengesicht nichts mehr von dem fröhlichen Kind, das er vielleicht einmal war.

Ein Jahr nach dieser Aufnahme starb Askenase, kurz nach einem Auftritt.

(Foto Seite 64/65)

HUGO M. ENOMIYA LASSALLE SJ

Lassalle war katholischer Geistlicher und gleichzeitig in Japan anerkannter Zen-Meister. 1945 überlebte er verwundet und strahlengeschädigt den Atombombenabwurf von Hiroshima.

1987 nahm ich mit zirka fünfzig Menschen an einem einwöchigen Sesshin in einem Kloster in Dietfurt unter seiner Leitung teil. Sesshin: Eine Woche lang schweigen, täglich still sitzen, meditieren von sechs Uhr morgens bis neun Uhr abends. Unterbrochen nur jede halbe Stunde durch zehnminütiges langsames, schweigendes Gehen und durch ein Mittag- und Abendessen. Oft war die Stille im Raum trotz der vielen Menschen so groß, daß ich nur mein eigenes Herz schlagen hörte.

Lassalle war 88 Jahre alt, saß mit uns, zehn Stunden am Tag. Er saß aufrecht, perfekt, seinen Körper und sich selbst vollkommen beherrschend. Er hatte Satori-Erfahrung, wie es im Zen heißt. Er war ein Erleuchteter.

In seinem Gesicht ist diese Selbstbeherrschung zu sehen. Die tiefliegenden Augen zeigen den Beobachter. Sie blikken unbeirrt, wie auf ein Ziel konzentriert, besitzen eine fast magische Qualität. Zwischen den Augen hat sich eine tiefe Nasenfalte eingegraben. Dieser Mann hat alle Widerstände überwunden, ohne lieblos zu werden. Die großen, abstehenden Ohren zeigen eine rebellische Natur.

Ein Gesicht, das viel Ernst ausstrahlt. Aber ich habe Lassalle nicht gefühlskalt erlebt. Im Gegenteil: Er war ein ernstheiterer Mensch, offen für die Nöte seiner Mitmenschen. Ich kenne ein Foto, das ihn als jungen Studenten zeigt. Ein lachendes Gesicht, und das Lachen erfaßt beide Gesichtsseiten.

Wenn ein Mensch gleichzeitig rechts und links lächelt, deutet das auf tiefe, echte Heiterkeit hin.

Lassalle ist 1990 gestorben. *(Foto Seite 68/69)*

Gesichter und Geschichten

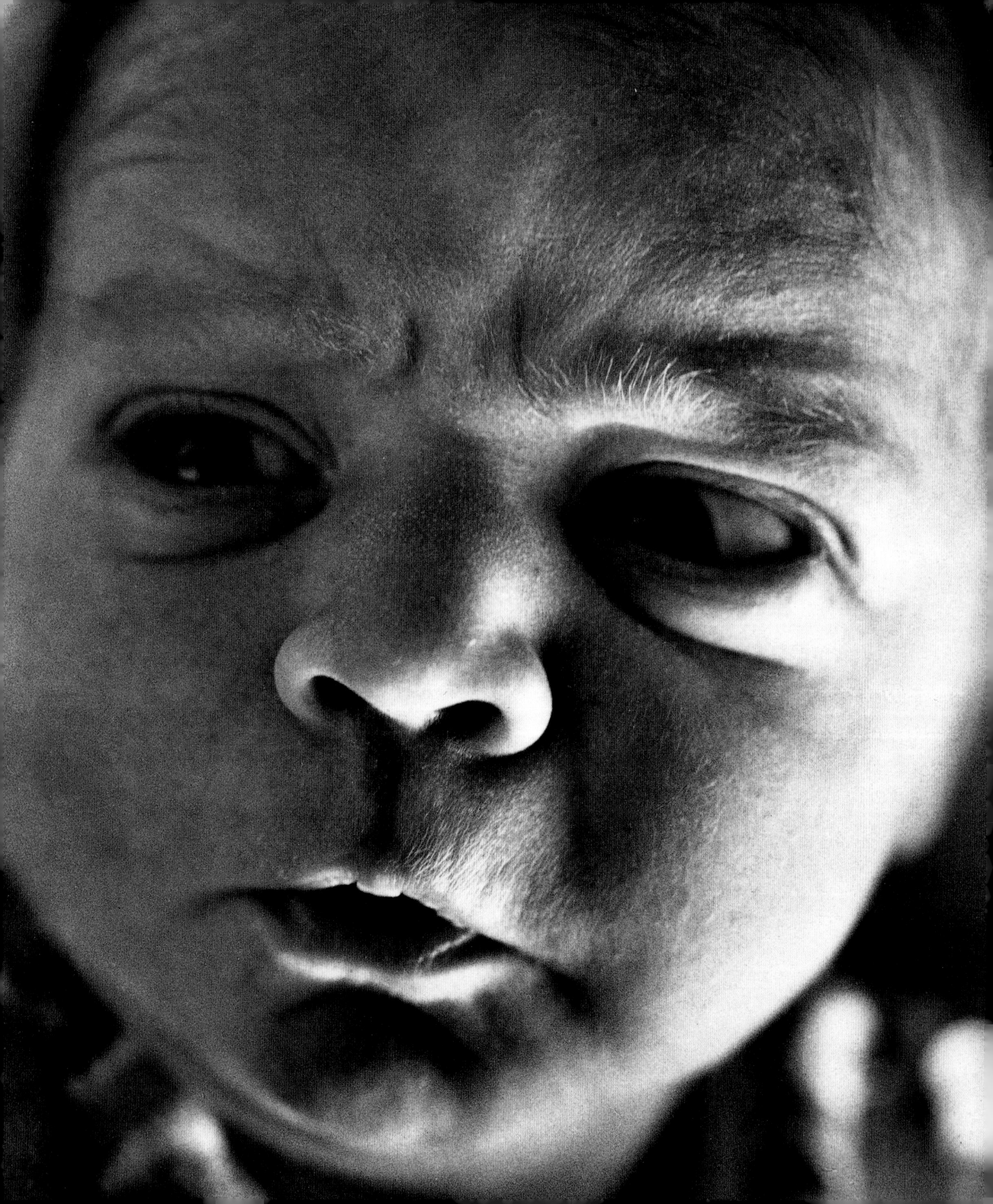

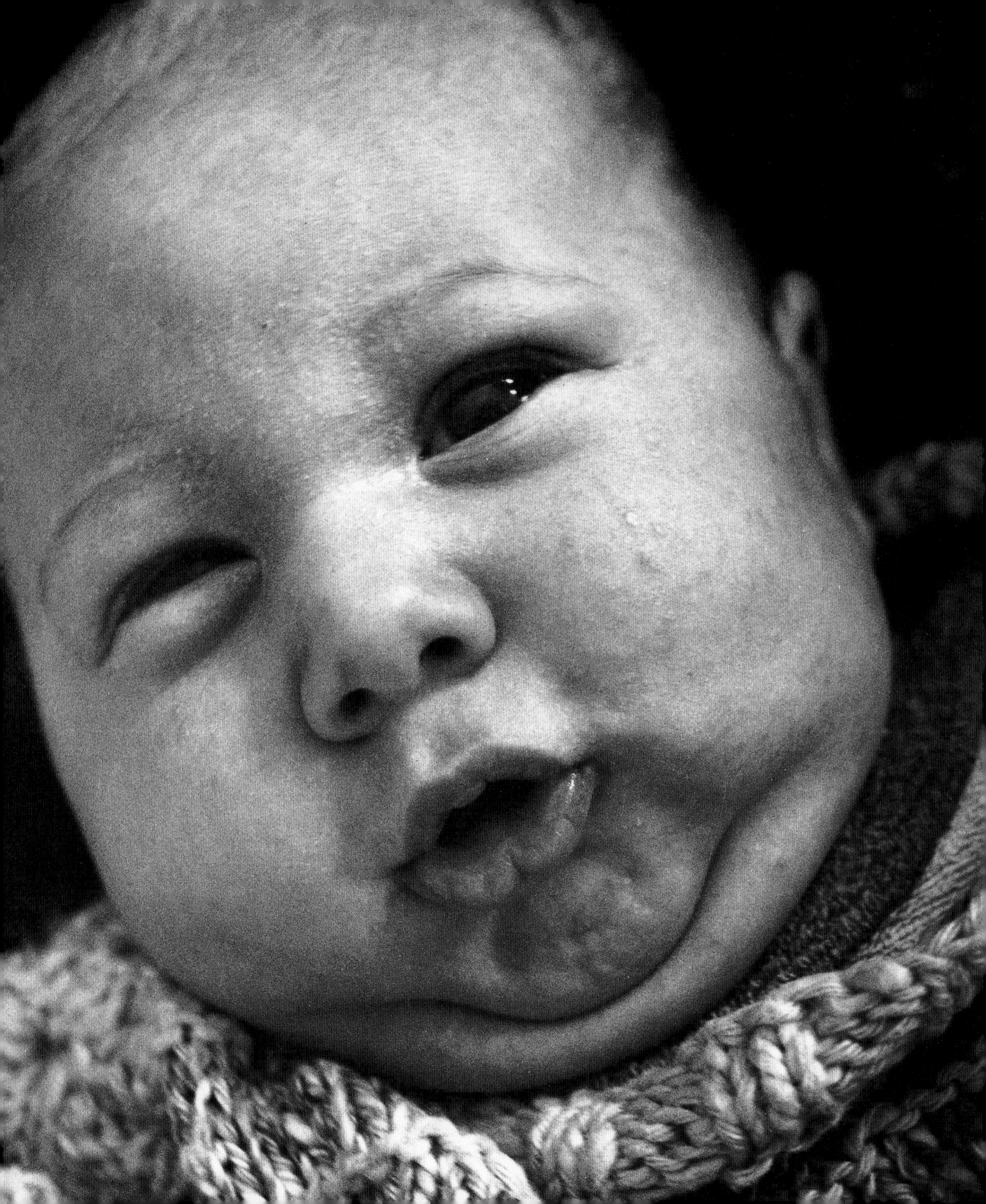

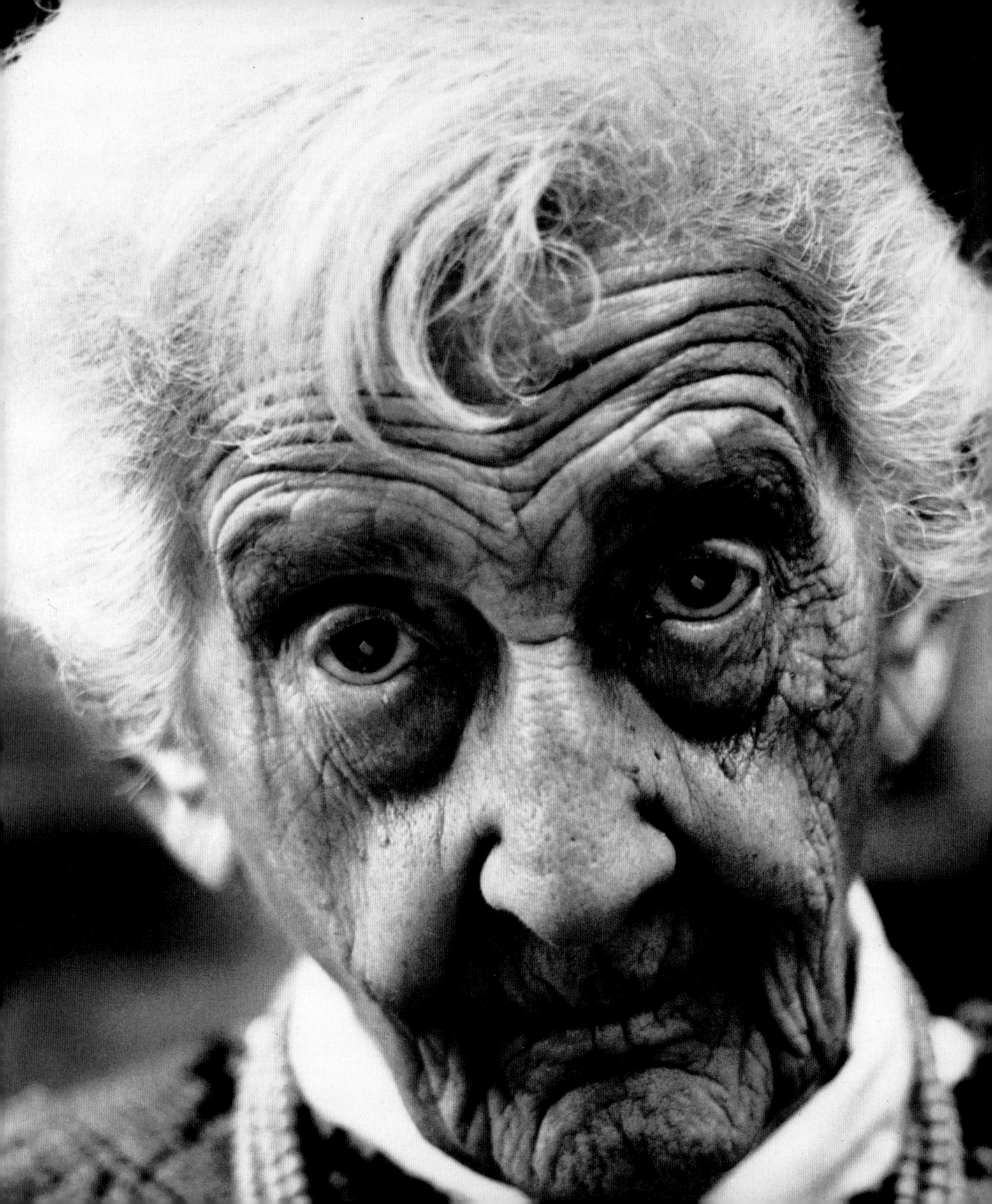

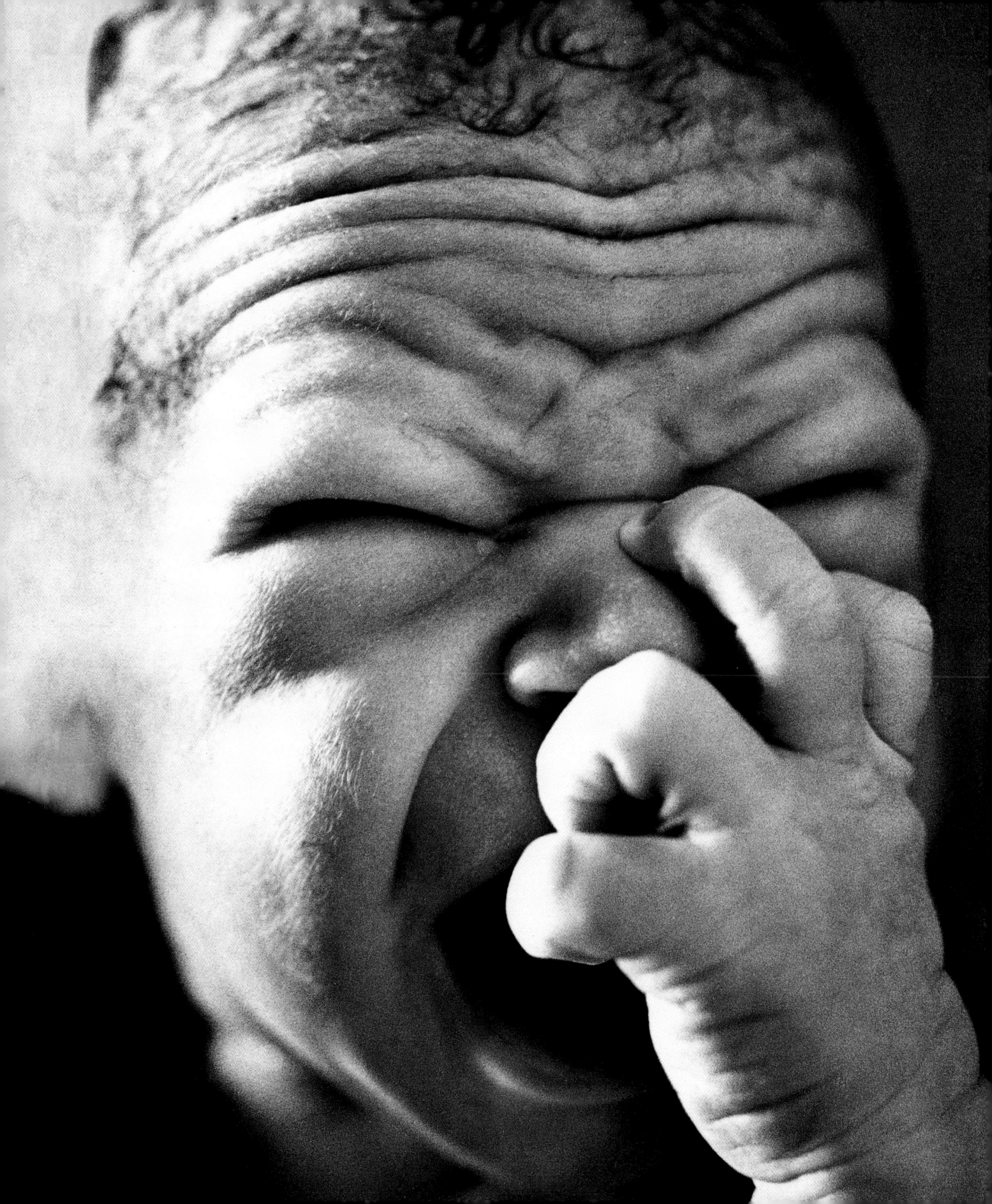

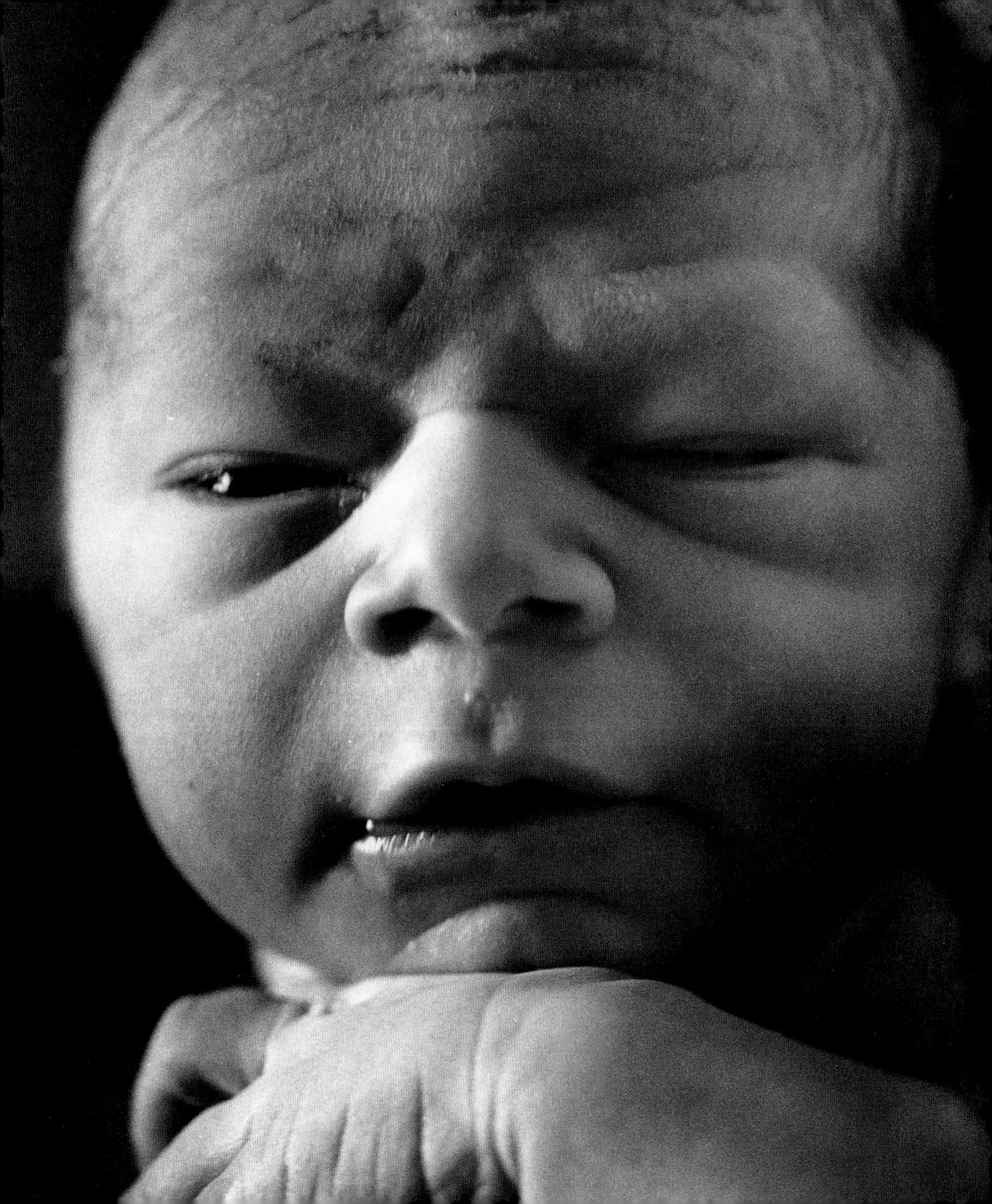

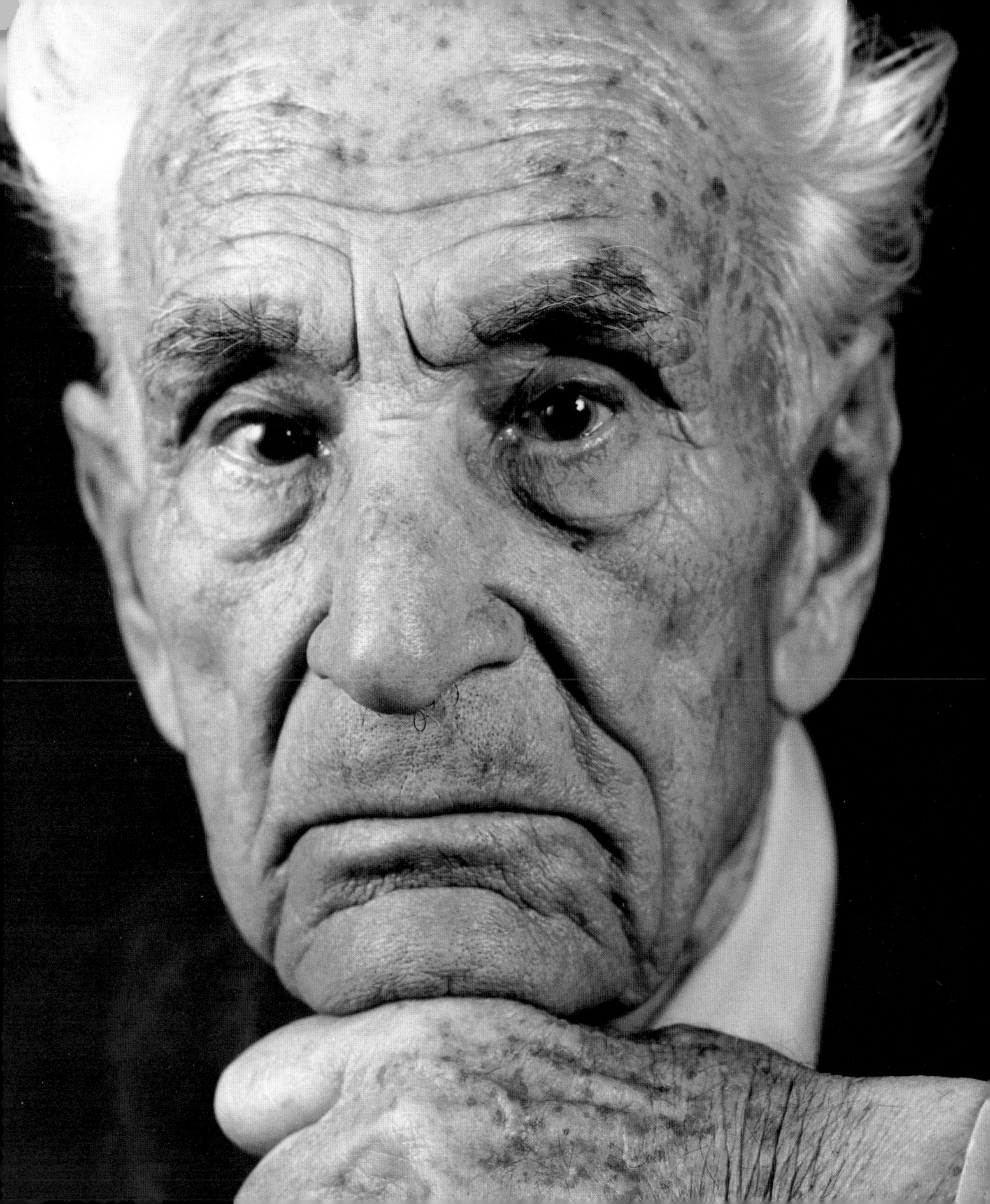

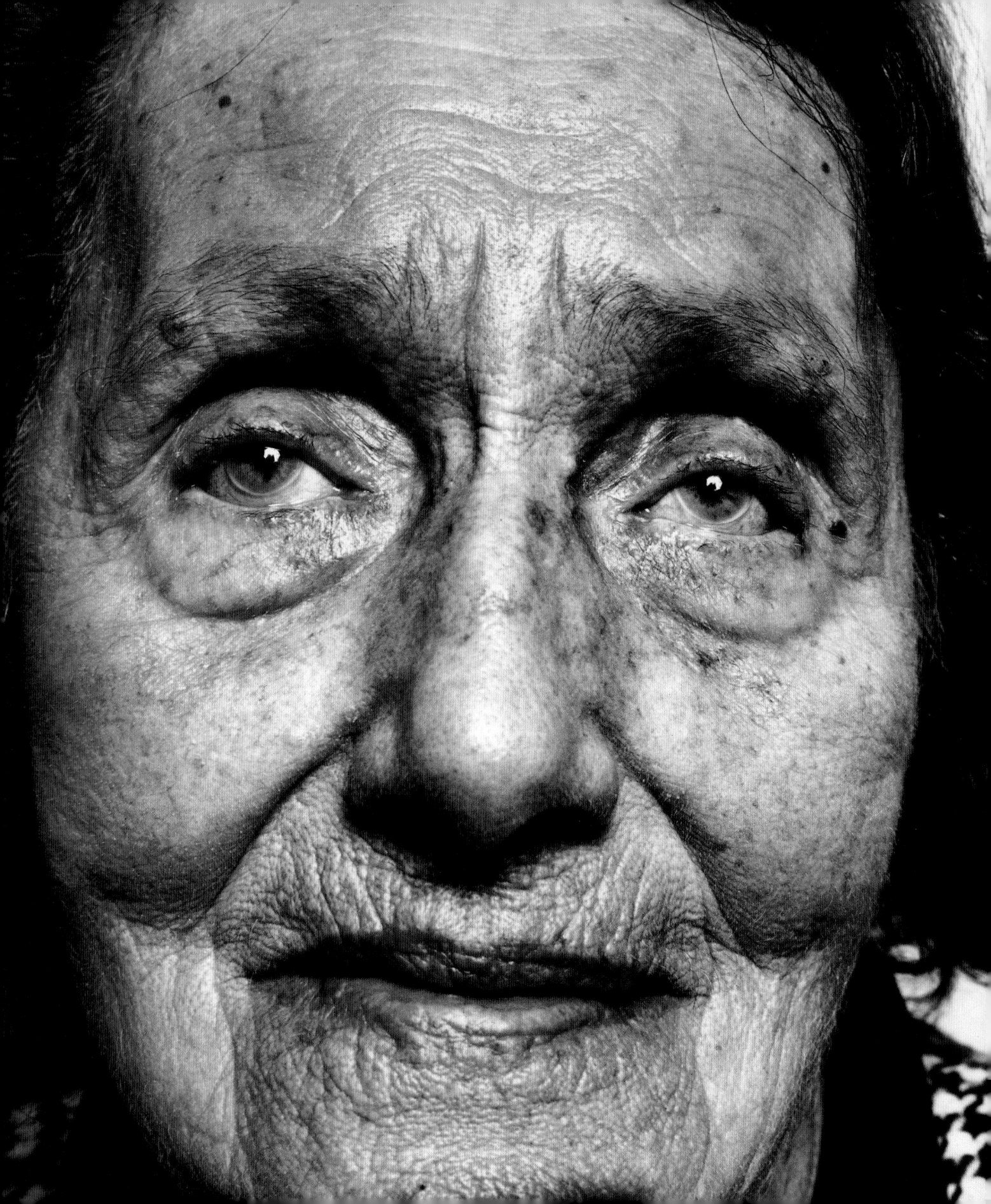

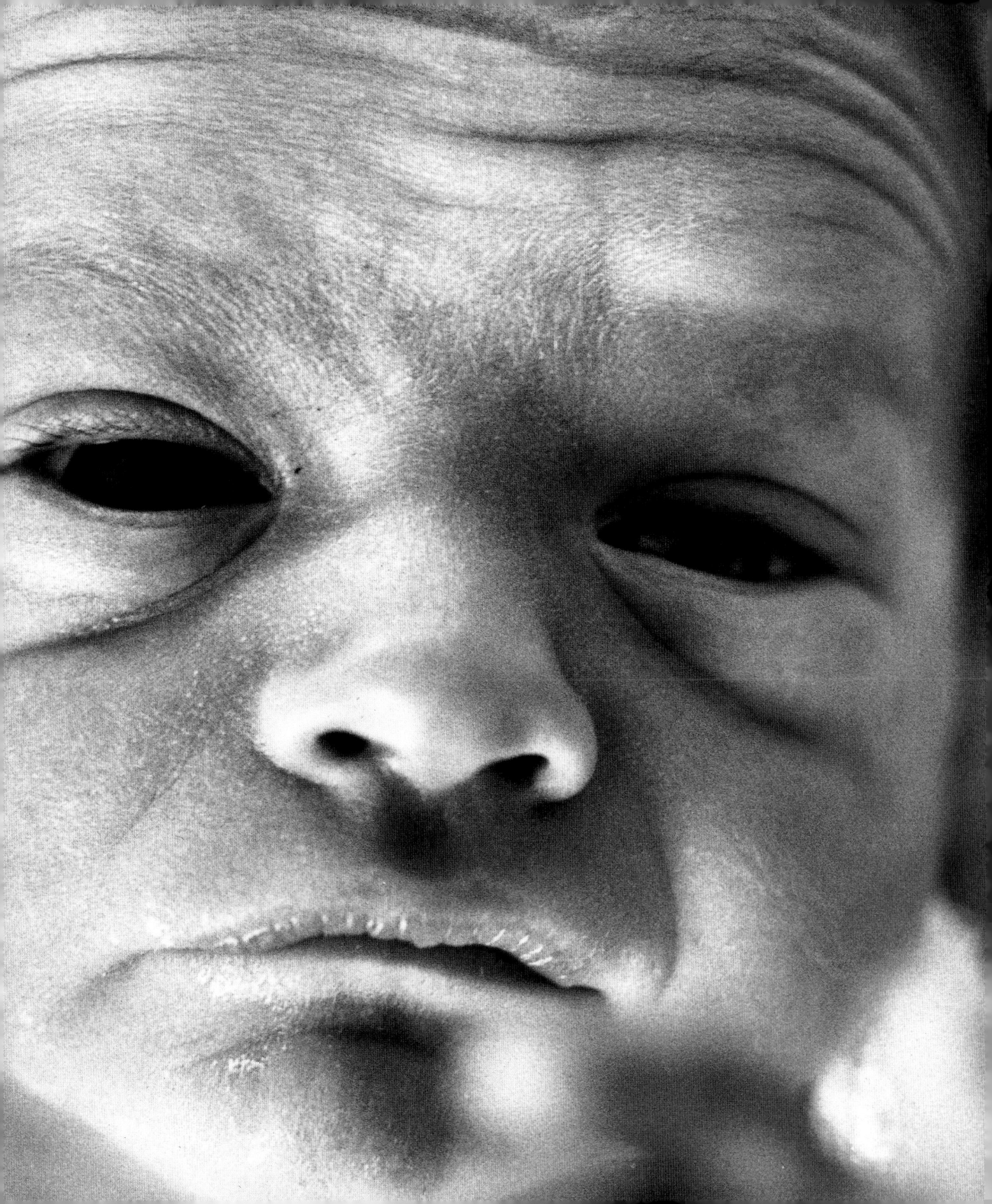

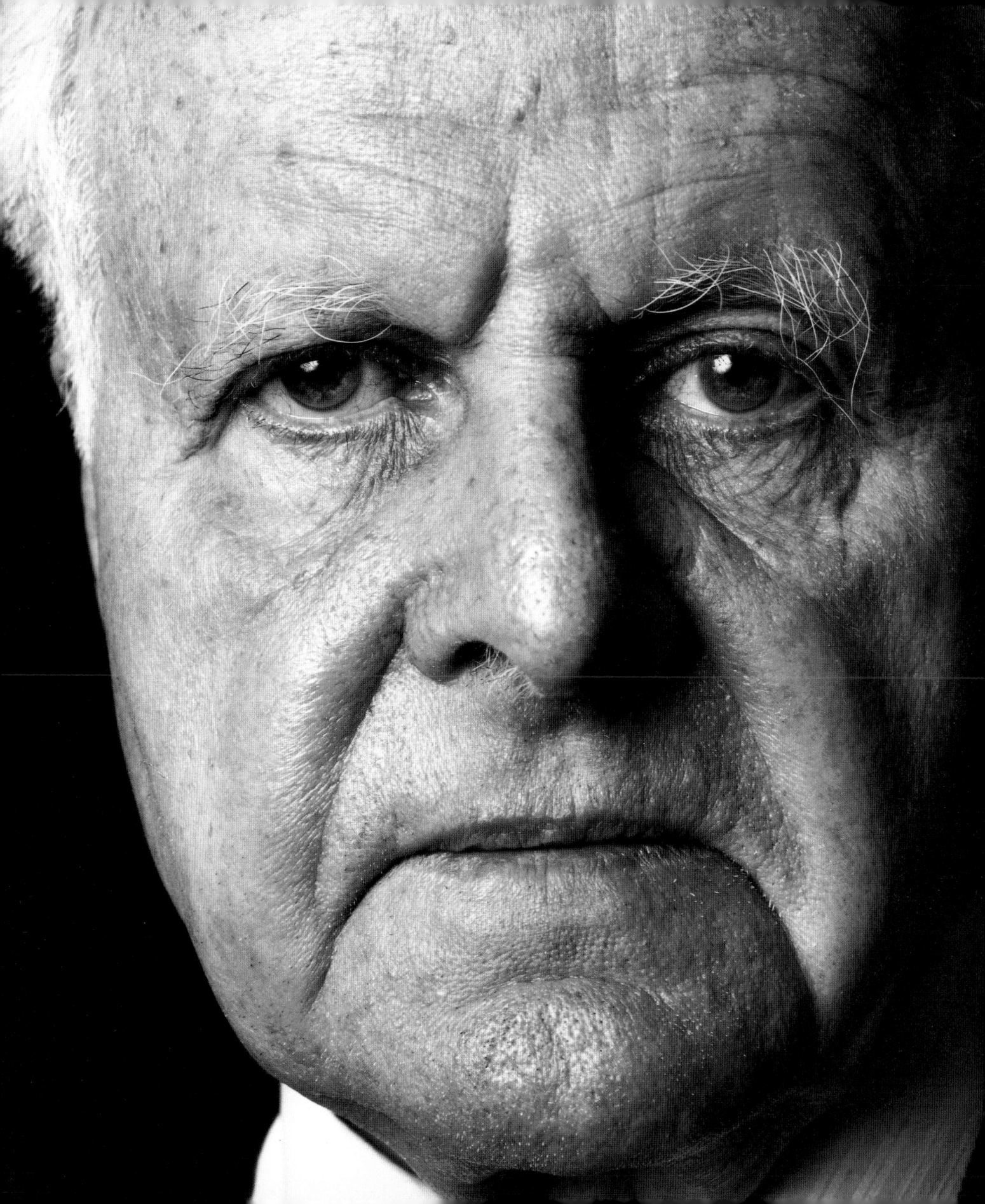

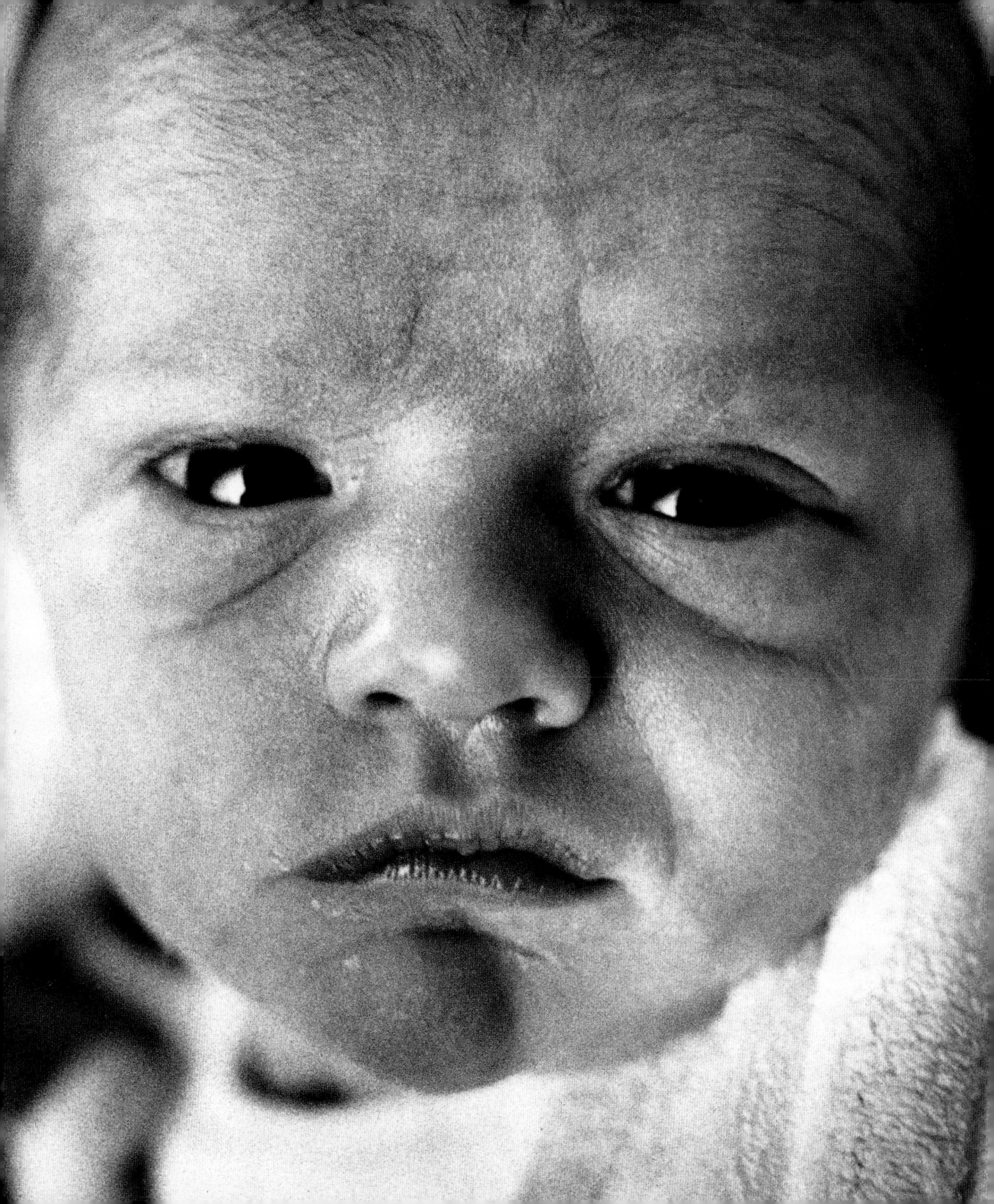

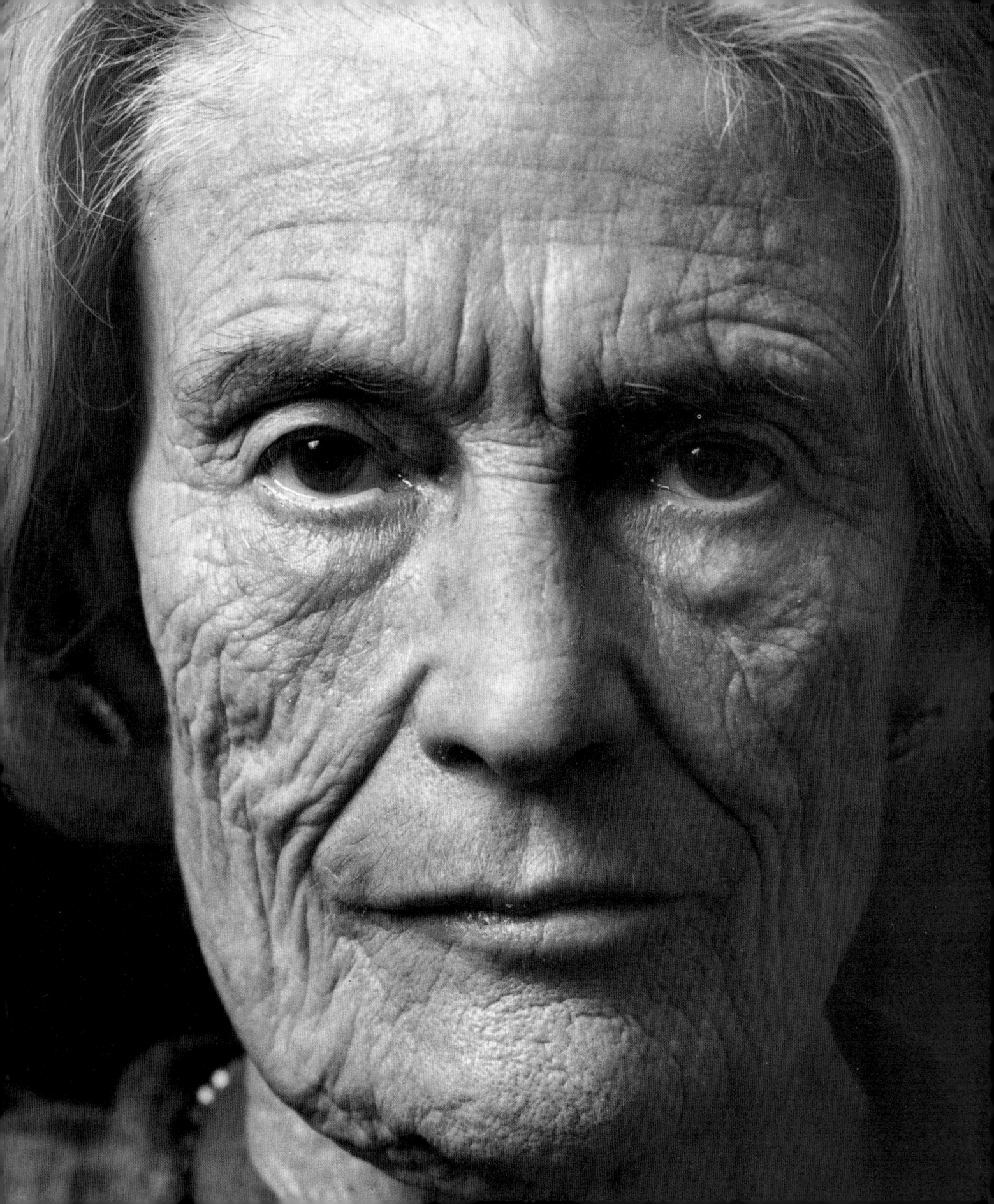

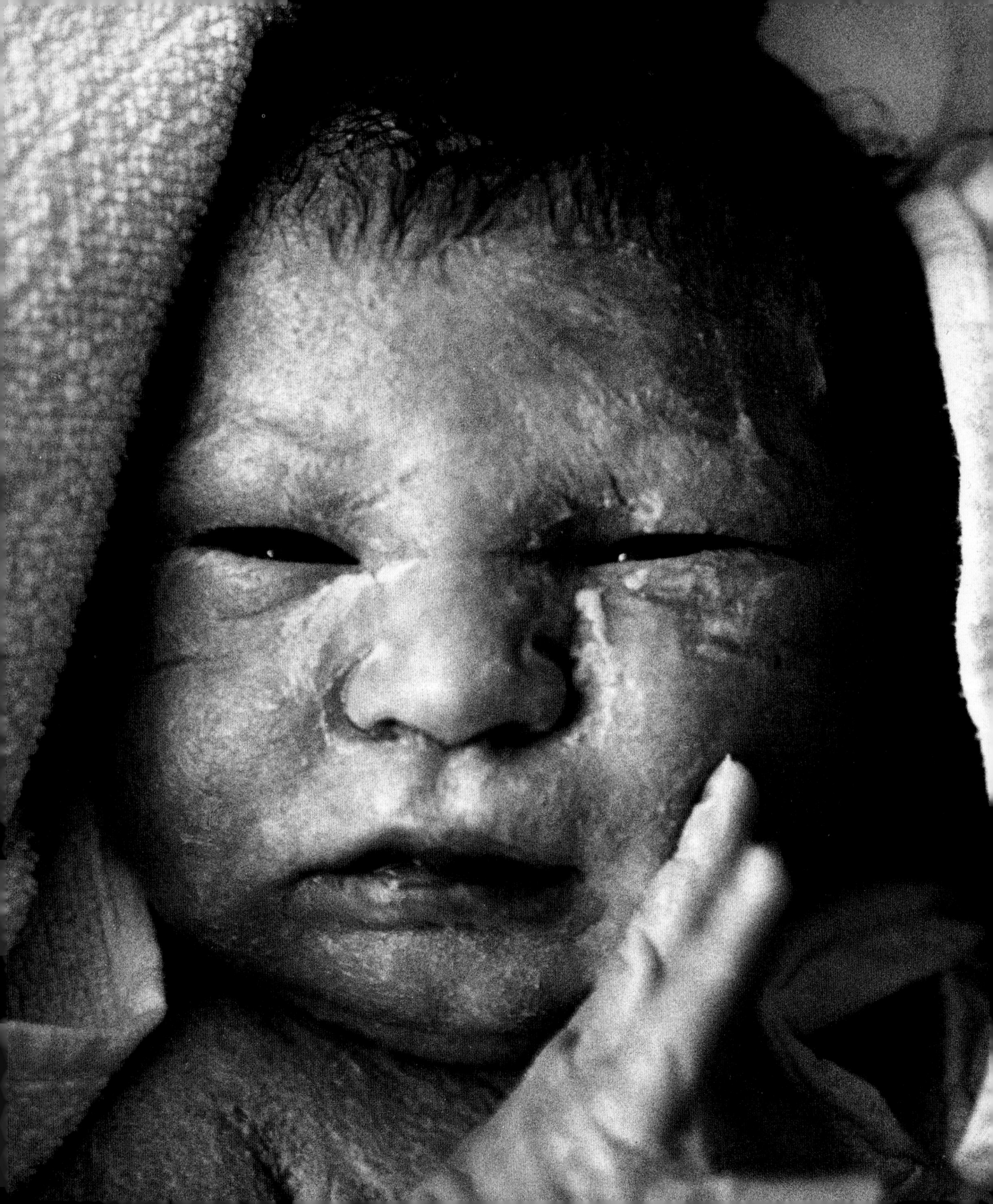

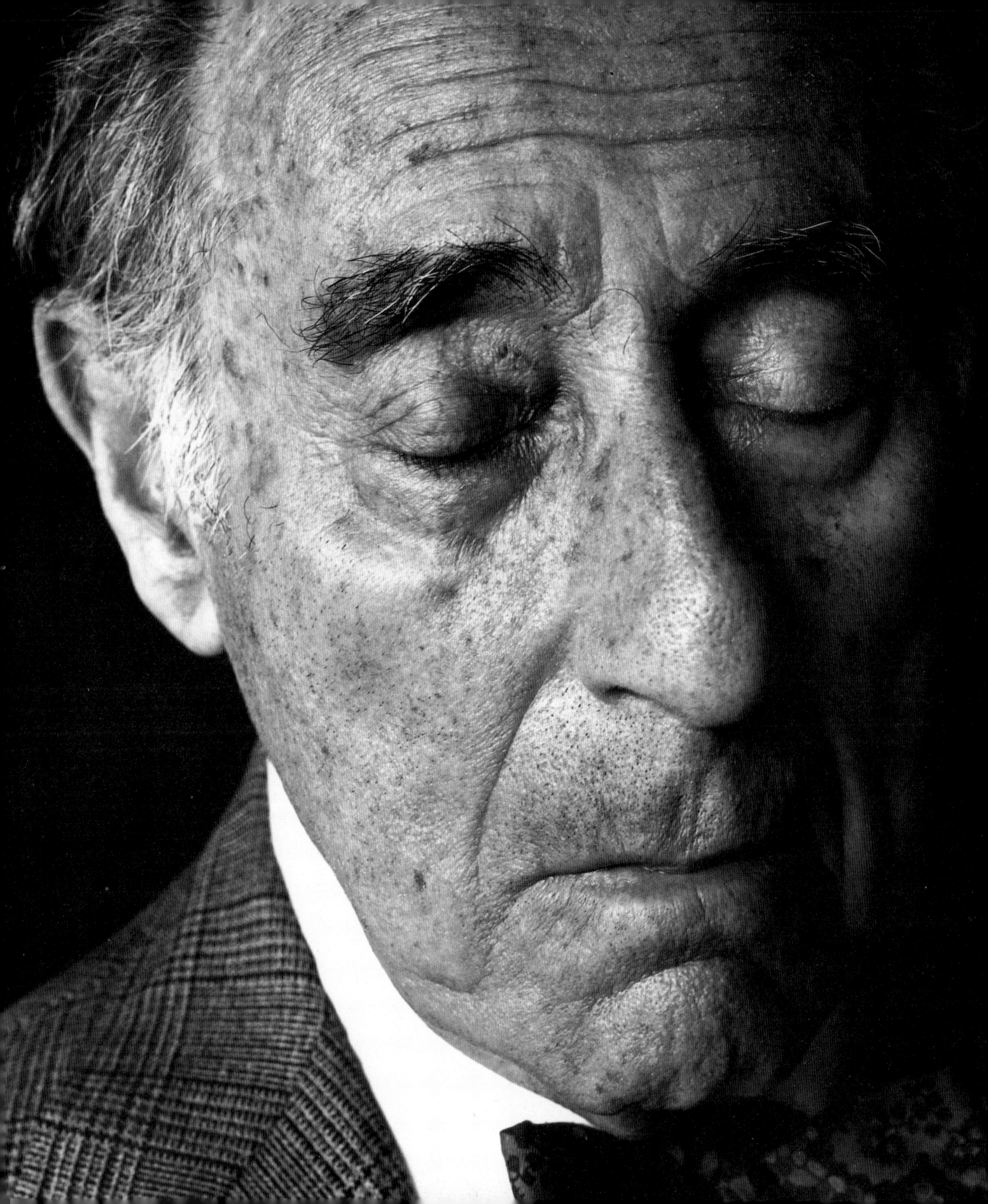

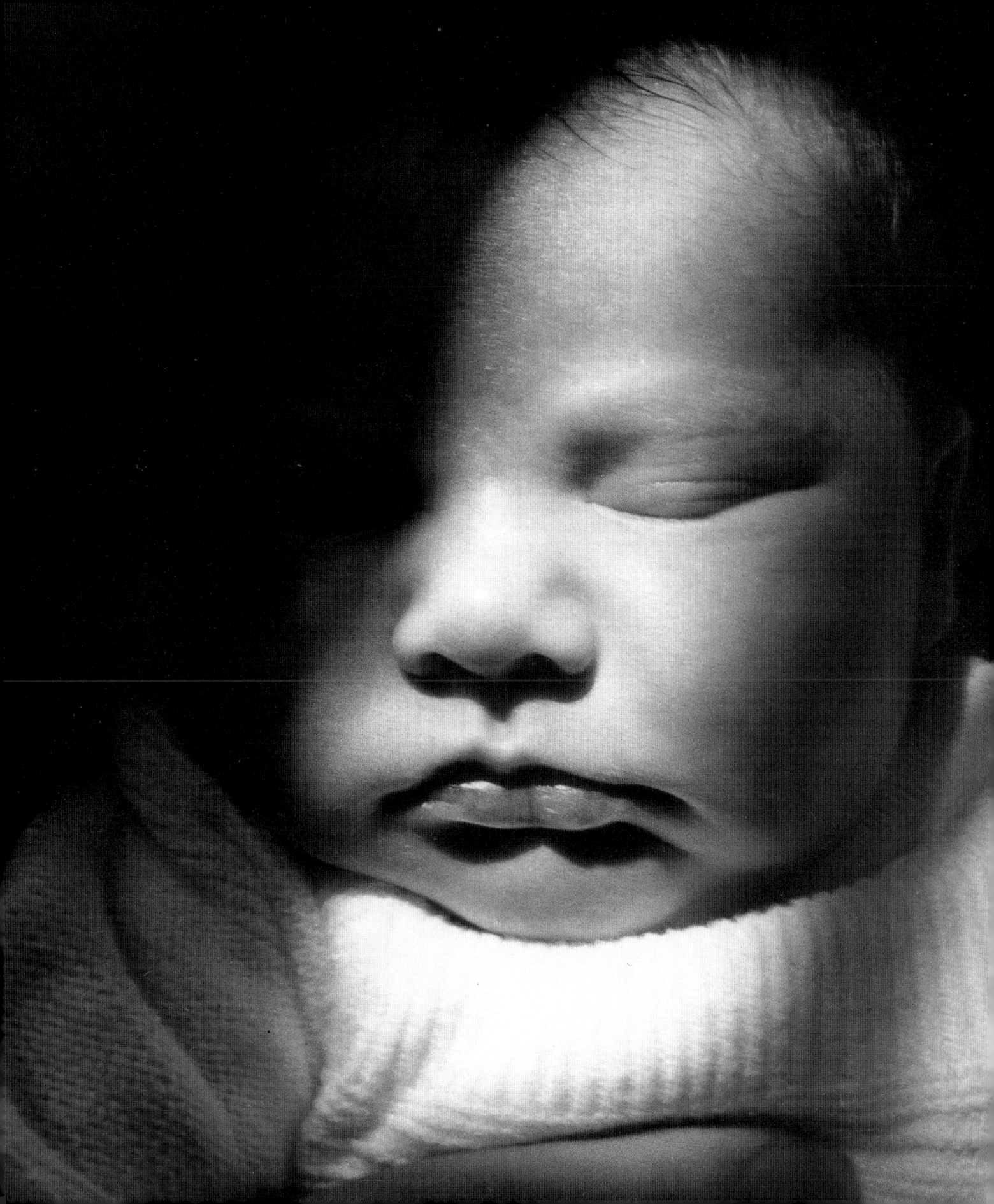

Neugeborene und...

Heinz Rühmann

Heinz Rühmann war ein Schauspieler, der die Menschen zum Lachen und zum Weinen bringen konnte. Er hatte Humor. Humor hat im Grunde nur, wer auch unter Tränen lächeln kann. Humor will die Gegensätze, die sich in der Wirklichkeit auftun, versöhnen. Dazu braucht es einen starken Willen, der manchmal bis zum Trotz reicht.

Trotz ist deutlich im kräftig anschwellenden unteren Teil der Stirn, zwischen den Augen, zu sehen. Auch der fest zusammengepreßte Mund und die zusammengezogene Stirn zeigen Energie und Lebenswillen. Doch gibt es noch eine andere Botschaft in diesem Gesicht: Die Stirn ist auch zu einem schmerzlichen Ausdruck des Erduldens hochgezogen, und die Augen sind traurig, sie wissen um die Vergänglichkeit des Lebens.

Diese zwei Seiten im Wesen des Schauspielers waren deutlich spürbar. Zäh, energisch und nicht so leicht unterzukriegen auf der einen Seite, mitleidsvoll und gütig auf der anderen. Auch die ovale Kopfform zeigt die gefühlsbetonte Natur dieses Menschen. Auf meine Frage, was ihn bekümmere, antwortete Rühmann: »Ich kann das Leid der Menschheit, verursacht durch so viel Bosheit und Kriege, nicht mehr ertragen.« Rühmann war im Zeichen Fische geboren, dem letzten im Tierkreis. In diesem Zeichen liegt die gesamte Erfahrung der Schöpfung. Weltschmerz ist daher für viele Fische so etwas wie der Grundton, der sich durch ihr ganzes Leben zieht.

Auch das Gesicht des Neugeborenen drückt etwas von diesem Weltschmerz aus. Die großen Augen blicken angstvoll, der Mund mit den tief nach unten gezogenen Winkeln scheint nichts Gutes vom Leben zu erwarten. Aber aufgeben will dieser kleine Mensch trotzdem nicht. Schon jetzt ballt sich die Stirn energisch zusammen. Und die kräftige Nase mit den weiten Nasenflügeln spricht für Mut und Durchsetzungskraft. *(Foto Seite 74/75)*

Horst Janssen

1990 hatte Horst Janssen einen schweren Unfall. Er malte auf seinem Balkon, als dieser einbrach und den Künstler mit in die Tiefe riß. Säure, die er beim Malen benützte, floß dabei in seine Augen. Mehr als ein Jahr war Janssen fast blind, auf dem linken Auge ist er es noch. Während dieser Zeit malte er, ein blinder Maler, phantastische Bilder. Ein Jahr später entstand dieses Porträt. Wir führten lebhafte Gespräche, bei denen es immer wieder um Liebe ging. »Zeig mir deine Fotos«, sagte Janssen zu mir, »und ich sage dir, ob du liebst.« Liebe ist für diesen Maler ein zentrales Lebensthema.

Liebesfähigkeit und Liebesgenuß – das drückt sich vor allem (aber nicht nur) in den Lippen aus. Sie sind schon seit alter Zeit der Venus, der Liebesgöttin, zugeordnet. Die Unterlippe zeigt Sinnlichkeit und Genußfähigkeit, die volle Unterlippe Lust auf sinnliche Erlebnisse.

Bei Horst Janssen ist sie voll und weich, zeigt den Genußmenschen, der er tatsächlich ist (auch in seinen Bildern). Auch beim »Säugling« sieht man den genußvollen Mund. Bereits im zweiten pränatalen Monat beginnt der Embryo mit dem »lutschen«, später übt er mit dem Daumen. Nach der Geburt vermittelt der Mund die intimsten Empfindungen durch das Saugen an der Mutterbrust. *(Foto S. 76/77)*

Lotte Jacobi

Wie sich die Gesichter gleichen: die 86jährige Lotte Jacobi und ein wenige Minuten altes Neugeborenes. Aus der Stirn des Babys springt uns die gleiche Willenskraft entgegen wie bei der Frau am Ende ihres Lebens. Seine Stirnfalten reichen bis ganz nach oben. Ein Leben mit vielen Möglichkeiten und Interessen ist schon jetzt darin zu sehen, und die Kraft, Widerstände zu überwinden. Das Gesicht der ersten Minute zeigt die Wahrheit, wie auch das von einem langen Leben gezeichnete Antlitz der alten Frau.

Lotte Jacobi war eine berühmte Porträtfotografin. Schon ihr Vater und Großvater waren Fotografen. 1935 emigrierte sie nach New York.

Ich lernte Lotte Jacobi 1981 bei einer Ausstellung in München kennen. Ihr waches Gesicht gefiel mir so gut, daß ich sie um einen Fototermin bat. Während ich sie fotografierte, nutzte sie jede Gelegenheit, um mit ihrer kleinen, versteckten Minox blitzartig Schnappschüsse von mir zu machen. Wozu fotografiert eine 86jährige Frau? fragte ich mich. Hat sie nicht genügend Negative gesammelt?

Besonders faszinierten mich ihre Augen: tiefliegende Augen, die scharf beobachten; aber auch weit geöffnete Augen, die Weitblick und Weltoffenheit ausdrücken. Aus der so reich von Falten durchzogenen Stirn zeigt sich Begeisterungsfähigkeit, Wachheit und Neugierde. Wie in einem Trichter wird die gesamte Energie über der Nase, beim hemmenden Querbalken, gebündelt.

Diese Hemmfalte haben nicht alle Menschen, aber auch beim hier gezeigten Neugeborenen ist sie bereits angelegt: Die Kraft, notfalls gegen den Strom zu schwimmen, der Wunsch, allen Hindernissen zu trotzen – das ist in diesem Merkmal zu erkennen. *(Foto Seite 78/79)*

LUIS TRENKER

Intensiv funkeln die Augen aus dem verwitterten Gesicht des Schauspielers, Bergsteigers und Regisseurs Luis Trenker. »Alles gut gegangen« – diesen Titel gab er seiner Autobiographie. Leicht war sein Leben sicher nicht, aber erfüllt. Sein Gesicht wirkt nicht verbittert, Trenker war ein heiterer, optimistischer Mensch.

Ich fotografierte auch seine Hände (zu sehen auf Seite 36) und nahm Handabdrücke. Neugierig fragte er nach der Bedeutung der Linien und stellte mir immer wieder die Frage: Wie lange lebe ich noch? Werde ich hundert? Er war damals 96 Jahre alt, hatte noch ein Jahr zu leben.

Die hohe und breite, reichlich mit Linien durchzogene Stirn zeigt einen lebendigen, vielseitigen Geist; die beiden Konzentrationsfalten auf der Nase offenbaren das energische Wollen, Ideen in die Tat umzusetzen. Ein weiteres Zeichen für die bewundernswerte Vitalität und Unermüdlichkeit dieses Mannes sind seine großen, kräftigen Ohren.

Beim Neugeborenen sieht man deutlich die Stirnlinien im oberen Bereich. Vermutlich wird aus diesem Baby ein vielseitig interessierter Mensch mit neugierigen, weit geöffneten Augen. Bemerkenswert an seinem Gesicht ist der Kinnbogen (so deutlich zu sehen wie bei Trenker). Nicht bei allen Menschen ist er angelegt. Er liegt zwischen Mund (sinnliches Empfinden) und Kinn (Tatkraft). Je näher dieser Bogen an die Unterlippe heranreicht, desto größer ist der Tatendrang. *(Foto Seite 80/81)*

ISA VON BERNUS

Isa von Bernus, Frau des Dichters und Alchemisten Alexander von Bernus, hat ein erfülltes Leben gelebt, in einer vom Geist der Poesie durchdrungenen Welt. Vor zehn Jahren wurde sie in ihrem Haus brutal überfallen und ausgeraubt. Der Schock war so groß, daß sie erblindete. Ihre über alles geliebte Welt der Literatur verschwand damit in der Dunkelheit.

Wenn ich mit ihr telefoniere, beendet sie das Gespräch oft mit dem Satz: »Du mußt nach oben schauen, ins Licht ...« Das Alter, die Blindheit, die Unbeweglichkeit nach einem Oberschenkelbruch – all das erleidet sie geduldig, ohne zu klagen.

Ich möchte zu diesem schönen Gesicht nur wenig sagen, es spricht für sich selbst. Die geschwungene, noch immer volle Oberlippe zeigt, daß diese Frau trotz ihres Alters empfänglich geblieben ist für Geistiges. Ein feines Lächeln umspielt den Mund, der keine Spur von Verbitterung zeigt. Die Stirn ist nach oben gerichtet, weit und geöffnet. Das ist der Ausdruck von Hingabe an das Schicksal. Das Ego löst sich auf, ohne Kampf und ohne Widerstand.

Eine ähnliche Hingabe und Gelöstheit sehe ich beim Neugeborenen. Es ist das Gesicht eines kleinen Menschen, der sich bereitwillig in sein Schicksal, seine Abhängigkeit ergibt. Dieser Ausdruck weckt tiefes Mitgefühl und das Bedürfnis zu trösten. Unwillkürlich drängen sich mir die Fragen auf: Wieviel weiß dieses Wesen schon von der Welt? Wieviel hat es bereits hinter sich gebracht, wie viele Leben gelebt? *(Foto Seite 82/83)*

Carl Friedrich von Weizsäcker

Ein ganz junges und ein altes Gesicht, beide vom Lebensernst gezeichnet. Beim Baby ist diese ernsthafte Seite als Anlage zu erkennen, bei Weizsäcker, Philosoph und Physiker, ist sie Ausdruck von Lebenserfahrung und vielleicht nicht immer erfreulichen Einsichten. Auffällig an beiden ist der Mund mit den herabgezogenen Mundwinkeln. Wie oft wird dieser Ausdruck als Zeichen von Pessimismus oder Verbitterung mißdeutet!

Alle Linien, die in einem Gesicht nach unten ziehen, verbinden mit dem Boden, mit Mutter Erde, mit der Wirklichkeit. Von Menschen mit nach unten weisenden Gesichtslinien sind keine Illusionen oder Phantastereien zu erwarten, sie erleben Enttäuschungen buchstäblich als Ende von Täuschung. Das alles aber schließt keineswegs die Fähigkeit aus, sich am Leben zu freuen und schöne Dinge zu genießen. *(Foto Seite 84/85)*

Henri Nannen

Zu seinem 80. Geburtstag im Dezember 1993 konnte man über den »Erfinder« des STERN lesen: »Nannen war mit dem und durch den STERN mächtig, mächtig unter Mächtigen, hofiert wie kein zweiter in diesem Lande. Er knipste mit den Fingern – und es wurde Licht irgendwo auf der Welt.«

Um diese Zeitschrift so viele Jahre zu führen, braucht es Verstand und Willenskraft. Nannens Antwort auf die Frage, ob er mehr Verstandes- oder Gefühlsmensch sei: »Ich bin natürlich mehr Gefühlsmensch. Ich versuche, meinen Verstand beieinander zu halten. Aber was ich mache, mache ich aus dem Bauch. Ich habe getan, was ich mochte, was mir lieb war, was ich für richtig hielt, und mich um alles andere nicht gekümmert.«

Das ausdrucksstarke Gesicht läßt sowohl die emotionale als auch die Willenskraft spüren. Henri Nannen ist im Zeichen Steinbock geboren. Sein Planet ist Saturn, der alte Weise, der aus eigener Kraft und zähem Durchhaltevermögen den höchsten Gipfel erreicht. Schwäche kennt er nicht. Er verlangt von sich und anderen höchste Disziplin. Daß diese oft »trockene« Steinbocksonne zu heftigen Emotionen fähig ist, dafür sorgt Pluto (in Opposition zur Sonne), der kleinste und mächtigste Planet.

Trotz des weinerlichen Ausdrucks zeigt auch das Gesicht des Neugeborenen Durchhaltekraft. *(Foto Seite 86/87)*

Ursula von Mangoldt

Das Elternhaus der 1904 in Berlin geborenen Ursula von Mangoldt war über Jahrzehnte hinweg ein Treffpunkt berühmter Zeitgenossen wie Thomas Mann, Max Reinhardt, Gerhart Hauptmann, Einstein und Rilke. Die promovierte Theologin beschäftigte sich mit Psychologie und mit dem Handlesen.

Anläßlich eines Fototermins im Jahr 1980 zeigte ich ihr Handfotos von Neugeborenen, die sie sehr interessierten. So wurde Frau von Mangoldt meine wichtigste Lehrerin im Handlesen. Bis zu ihrem Tod 1985 blieben wir freundschaftlich verbunden.

Im Zeichen Skorpion geboren, war das Erforschen des Unbewußten ihr großes Talent. Der feste Blick und die tiefliegenden Brauen lassen ihren Forschergeist spüren. Sie sagte, was sie dachte, knapp und direkt. Ihr Bedürfnis war nicht, zu entlarven, sondern zu helfen. Der eher schmale Mund zeigt die Fähigkeit, auch »nein« zu sagen. Zugleich gibt er dem Gesicht einen humorvollen Ausdruck.

Das Gesicht des Babys ist eher ein Kontrast dazu: große, staunende Augen, offen für den langen Weg bis zu einem vielleicht faltenreichen Gesicht. *(Foto Seite 88/89)*

Eddie Constantine

Das »Ledergesicht«, wie er auch genannt wurde, wollte nicht Schauspieler, sondern Sänger werden. Nach einer Ausbildung in Wien sang er mehrere Jahre Wagner und Mozart, ehe er als Schlagersänger bekannt wurde. Erst viel später entdeckte ihn der Film. Sein hart wirkendes, ruppiges Gesicht wurde zum Markenzeichen.

Würde man von der Beschaffenheit der Haut auf ein ähnliches Empfinden im Menschen schließen, hätte Eddie Constantine eine robuste, unverletzbare Seele. Doch wissen wir, daß eine dicke Haut oft ein äußerst sensibles Wesen schützt. Blickt man in sein Horoskop, so findet man den Mond, Symbol für die Seele, im Zeichen Jungfrau. Diese Mondstellung macht besonders sensibel, kritikempfindlich und scheu.

Eddie Constantine starb 1993, er wurde 76 Jahre alt.

In den ersten Minuten nach der Geburt ist die Haut des Neugeborenen oft noch von einer schützenden Schmiere bedeckt, die dafür sorgt, daß die Haut im Fruchtwasser nicht austrocknet. Sie gibt dem empfindlichen Gesicht das etwas grobe Aussehen. *(Foto Seite 90/91)*

Alfred Eisenstaedt

Alfred Eisenstaedt, in Polen geboren, lebte und arbeitete als Fotograf in Deutschland, bevor er 1935 nach Amerika emigrierte. Seine Arbeiten für die amerikanische Zeitschrift »Life« machten ihn in der ganzen Welt bekannt.

Das Foto entstand 1992. Er ging damals noch täglich in sein Büro in New York. »Viele Leute denken, ich sei pensioniert. Aber das werde ich nie sein. Eine Maschine muß arbeiten, sie darf nicht rosten. Ich werde weitermachen, so lange Gott will.«

Geduldig saß der Fotograf vor meiner Kamera, versuchte, so gut es ging, ein freundliches Gesicht zu machen. Als ich einmal die Filme wechseln mußte, ruhte er kurz und schloß die Augen. Ich nutzte die Gelegenheit zu einer schnellen, leisen Aufnahme.

Wie schön kann ein Gesicht mit geschlossenen Augen sein. Egal, ob hundert Jahre alt oder am ersten Tag.
(Foto Seite 92/93)

Lebenslinien

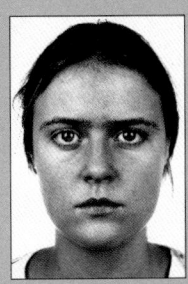

Acht Kinder und ihre Geschichte

Etwa fünfzig Babys habe ich im Augenblick der Geburt fotografiert, von allen erstelle ich das Horoskop. Mit einigen dieser Kinder und ihren Eltern hielt ich auch in den folgenden Jahren Kontakt, machte Handabdrücke, fotografierte und interviewte sie, um möglichst viel über ihre Entwicklung zu erfahren.

Auf den folgenden Seiten zeige ich acht dieser Kinder, stelle das Bild der ersten Minute dem 1993 aufgenommenen Porträt gegenüber. Die Gesichter wurden frontal, ohne jede Mimik fotografiert, um sie physiognomisch besser zu erkennen. Das erklärt auch, warum die meisten Jugendlichen ihr Foto nicht besonders mochten, zuerst befremdet waren, sich ohne das gewohnte Fotolächeln zu sehen.

Bei jedem Kind habe ich das Gesicht halbiert und diese Hälfte mit der jeweils anderen Gesichtsseite von Mutter oder Vater zu einem Gesicht zusammengesetzt. Damit will ich die Ähnlichkeit von Kopfform und Ausdruck sichtbar machen, wie sie zwischen Eltern und Kindern besteht.

Die Auswahl der Kinder ist rein zufällig. Ich hatte nicht die Absicht, besonders »spannende« Fälle oder »hübsche« Gesichter zu präsentieren. Daher ist auch die Häufung bestimmter Sternzeichen rein zufällig. Die starke Übereinstimmung zwischen den Horoskopen der Kinder und denen ihrer Eltern hat sich einfach ergeben, mich aber nicht weiter überrascht. Denn schon lange ist in der Astrologie bekannt, daß sich gerade die individuellsten Punkte in einem Horoskop, wie Aszendent, Stand von Sonne und Mond, von den Eltern an die Kinder »vererben«.

Da ich bei den Lesern keine astrologischen Vorkenntnisse voraussetzen darf, habe ich mich in den Deutungen zu den jeweiligen Horoskopen auf ein allgemein verständliches Minimum beschränkt. Zum besseren Verstehen nachstehend einige kurze astrologische Erklärungen (die Symbole der Planeten und Tierkreiszeichen sind auf Seite 160 abgebildet):

Die Geburtsstunde beziehungsweise Minute bestimmt das Tierkreiszeichen des Aszendenten (AC). In vier Minuten bewegt er sich durchschnittlich um ein Grad und durchläuft in 24 Stunden den ganzen Tierkreis (zum Vergleich: Der Mond braucht hierfür zirka 30 Tage, die Sonne ein Jahr, Saturn zirka 30 Jahre, Pluto fast 250 Jahre).

Der Aszendent ist der individuellste Punkt im Horoskop. Das Tierkreiszeichen, in dem er steht, zeigt die Anlagen, um die innere Bestimmung (Sonne) am besten zu entwickeln. Der Aszendent ist der Anfang des ersten Hauses, wodurch alle Planeten ihren Platz und ihre Aufgaben im Horoskop bekommen.

Die zwölf Häuser (oder Felder) zeigen die Bereiche, in denen sich die Energien der Planeten und Ideen der Tierkreiszeichen verwirklichen. Sie sind analog zu den zwölf Tierkreiszeichen: Das erste Haus beginnt mit dem Aszendenten und entspricht dem Widder, das zweite Haus dem Stier und so weiter. Das Thema eines Hauses wird von dem Tierkreiszeichen bestimmt, in dem das Haus beginnt. Die Aspekte zeigen die Beziehungen der Planeten zueinander und wie sie sich gegenseitig beeinflussen.

Dominique

Dominique, geboren am 5. März 1986, 21.10 Uhr, in Duisburg, im Sternzeichen Fische, Aszendent Waage

»Ich find mich blöd, kackig. Ich kann nichts zu meinem Gesicht sagen. Ich bin einfach ich. Ich möchte nicht anders aussehen. Ich hab einen dicken Hals, und meine Ohren stehen mir nicht ab. Ich habe viele Flecken im Gesicht. Meine Nase ist platt. Ich gucke zufrieden und froh. Ich habe kurze Haare im Gesicht, am Mund. Das gesamte Gesicht finde ich schön, aber nicht die einzelnen Sachen.« *(Dominique, 8 Jahre)*

Kleine Venus

Niemals ist ein lebendes Gesicht ganz fertig, immer werden schmerzliche und schöne Erfahrungen noch Spuren hinterlassen. Das gilt umso mehr für das Gesicht eines achtjährigen Mädchens. Und doch hat es bereits in diesem Alter etwas Unverwechselbares. Eine Art Grundausstattung fürs Leben.

Diese Grundausstattung wird auch im Horoskop sichtbar. Manchmal gelingt es Astrologen auf Anhieb, aus einem Gesicht zu erkennen, unter welchem Sternzeichen der betreffende Mensch geboren wurde.

Auch beim Betrachten von Dominiques Gesicht würde man mit einiger Erfahrung und Intuition ihr Zeichen – die Fische – erkennen können. Das Fischezeichen steht unter der Herrschaft des Planeten Neptun. Neptun ist in der griechisch-römischen Mythologie der Gott der grenzenlosen Weltmeere, der Herr der Ozeane. Menschen, die »unter diesem Stern geboren« sind, haben oft milde, weiche bis beinahe verschwommene Gesichtszüge. Bei Dominique sind es die runden, vollen Wangen, die »unschuldig« wirkenden, verträumten Augen, die auf das Zeichen Fische weisen.

Unterstützt wird die fast puppenhaft niedliche Ausstrahlung durch die Grübchen in den Mundwinkeln – ein Venuszeichen. Dominique ist nicht nur neptunisch geprägt, sie hat auch eine starke Venusbetonung: Aszendent Waage und Venus im Zeichen Fische – das sind Geschenke der Göttin der Liebe und der Schönheit.

Versuche ich dieses Gesicht im Zeitraffer ein paar Jahre älter zu machen, werden allerdings starke Gegenkräfte zur sanften, verträumten Fische-Seele sichtbar. Die starken, breiten Wangenknochen zeigen, daß hinter diesem Gesicht nicht nur eine nachgiebige, sondern auch eine willensstarke Frau steckt, die sich behaupten kann. Für einen astrologisch geschulten Blick spiegelt sich in den festen, kräftigen Wangenknochen das Saturn-Mars-Quadrat zur Sonne im Geburtshoroskop. Diese Konstellation ist ein Ausdruck dafür, daß ein Mensch fähig ist, Grenzen zu ziehen und seinem Leben notfalls kämpferisch Struktur zu geben.

Für Pflichtbewußtsein und eine Neigung zur Strenge (mit sich selbst und anderen) spricht auch die Stellung des Mondes im Sternzeichen Steinbock.

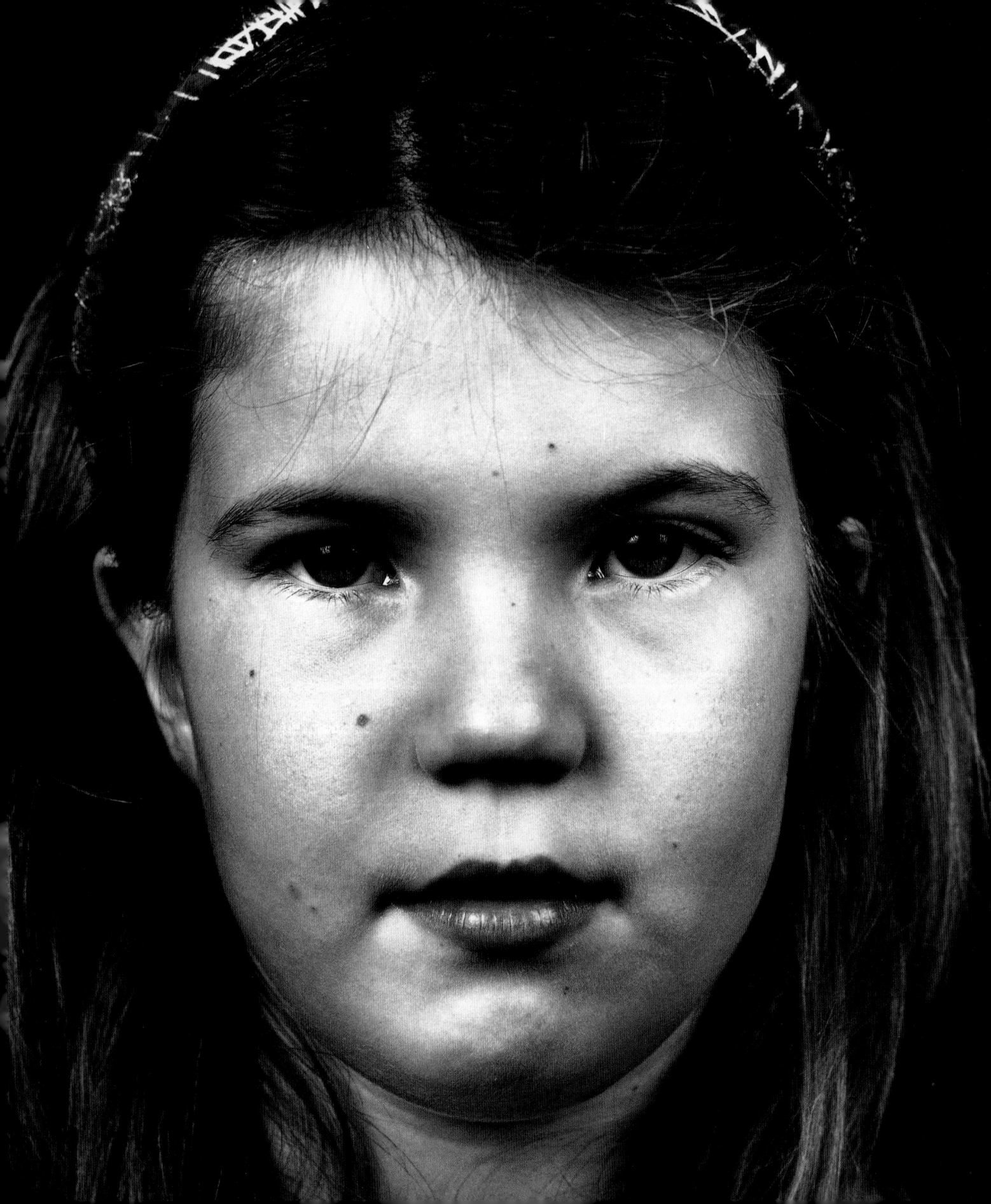

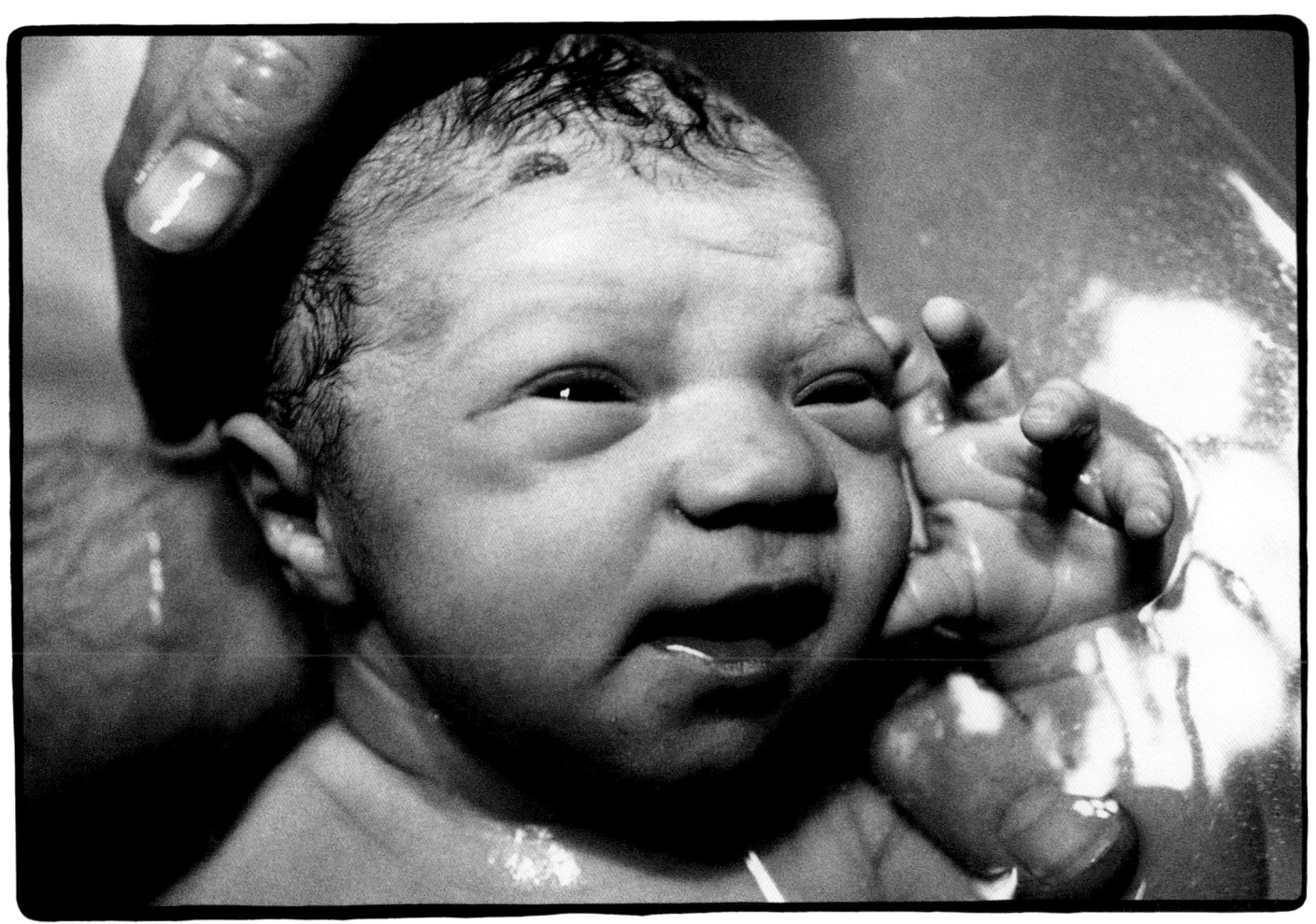

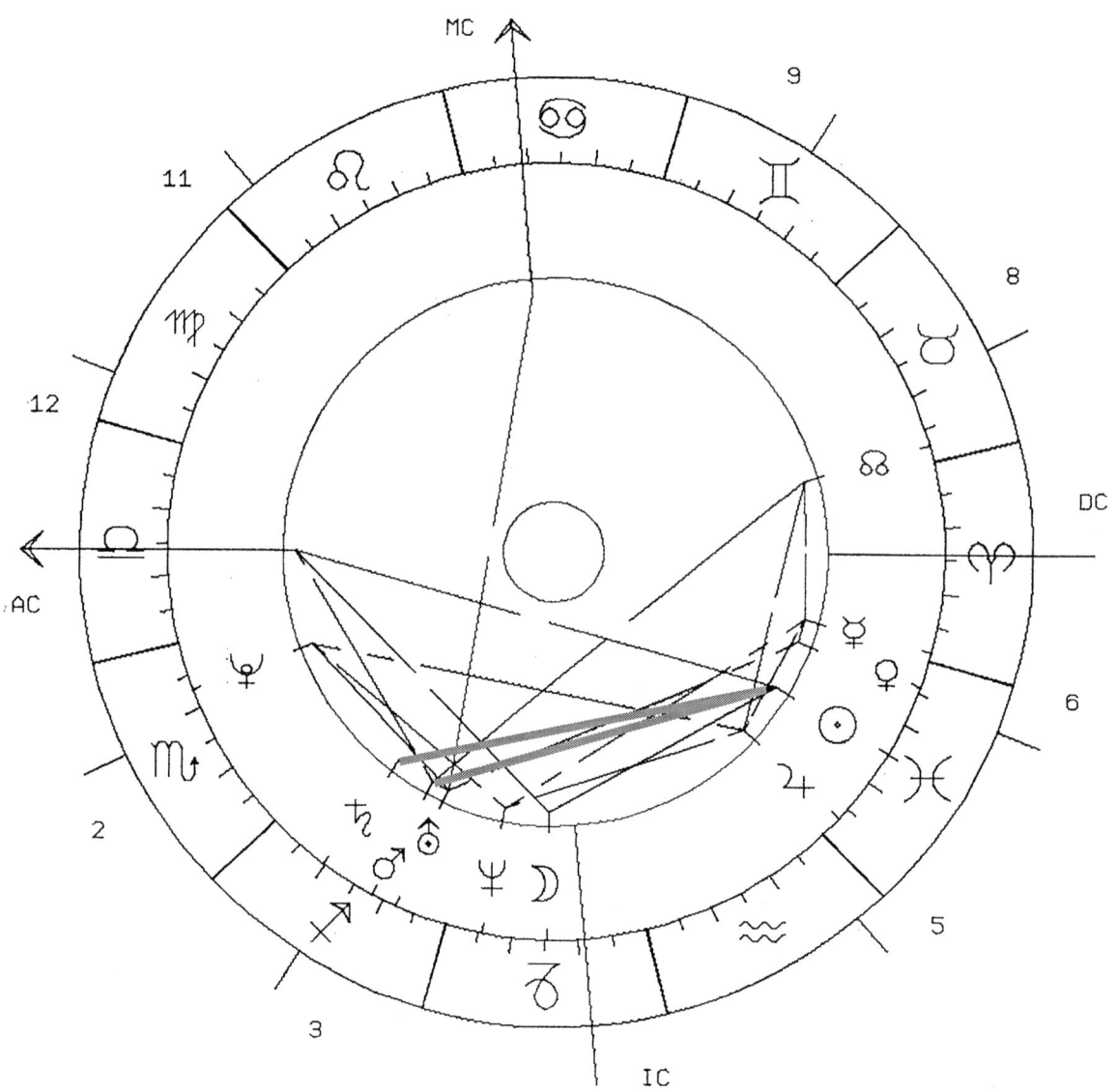

Radix

			☉	☽	☿	♀	♂	♃	♄	⚷	♆	♇	☊
☉	♓	14 58	☉										
☽	♑	15 15	✶	☽									
☿	♈	1 7			☿								
♀	♓	25 54	☌			♀							
♂	♐	18 8	□			□	♂						
♃	♓	3 8				⚹		♃					
♄	♐	9 32	□						♄				
⚷	♐	22 10					□		☌	⚷			
♆	♑	5 31				□		✶			♆		
♇	♏	7 10 r				△		∠		✶		♇	
☊	♉	2 26 r				⚹			⚹	✶			☊
AC	♎	15 54	⚻	□		✶							
MC	♋	20 51										⚻	

Dominique

5/ 3/1986
21h 10m
Duisburg, D
1hE 0m
6E 46'
51N 25'

Haeusersystem Placidus
 2. ♏ 11 36   3. ♐ 13 33
11. ♌ 25 51   12. ♍ 24 2

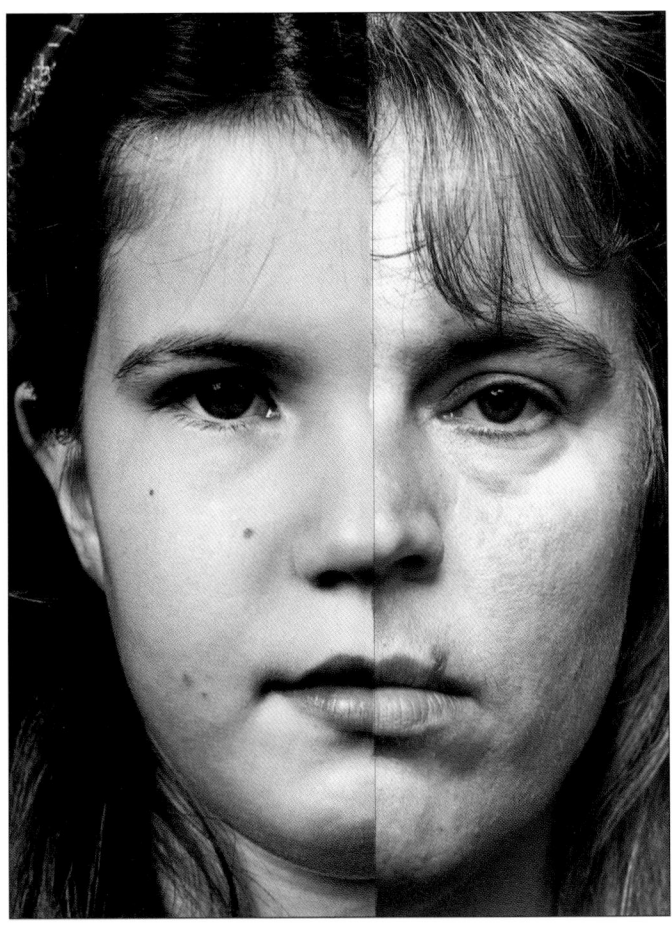

Links: Dominique   Rechts: Mutter

Die Geburt: sanft und schön

Am frühen Nachmittag sollte Dominique auf die Welt kommen. Aber sie ließ sich Zeit, kam erst um 21.10 Uhr – und bekam damit denselben Aszendenten wie ihre Mutter. Der Aszendent im Horoskop gilt unter anderem als Ausdruck für unsere Begegnung mit der realen Welt.

Abgesehen vom unvermeidlichen Geburtsschock war Dominiques erste Lebenserfahrung schön und positiv. Eine sanfte Entbindung, kein grelles Licht im Kreißsaal, leise Stimmen. Dominiques Mutter empfand sogar die starken Wehen als »schönen« Schmerz, hatte danach »Lust auf mindestens sechs weitere Kinder«. Nie werde ich vergessen, wie sie die neugeborene, schrumplige kleine Dominique in den Armen hielt und immer wieder rief: »Mein Baby, wie bist du schön, ich liebe dich, wie bist du schön ...«

Liebe, Schönheit, Harmonie sind die Prinzipien des Sternzeichens Waage, des Aszendenten, unter dem Dominique ihr Leben begonnen hat. Er bestimmt das Grundgefühl, mit dem sie der Welt gegenübertritt. Schönheit, Charme, Liebenswürdigkeit werden ihr Leben ebenso beherrschen wie der Wunsch nach Beziehungen, aber auch die Neigung, Konflikten aus dem Weg zu gehen.

Eine Waagebetonung äußert sich im Bedürfnis nach Ästhetik, Schönheit und Anerkennung durch ein perfektes äußeres Styling. Als Fotograf machte ich die Erfahrung, daß auffällig viele Menschen (mehr Frauen als Männer) in der Modebranche entweder im Zeichen Waage geboren sind oder einen Waage-Aszendenten haben.

Wie harmonisierend ein Waage-Aszendent auf das Verhalten wirkt, möchte ich am Vergleich von zwei politischen Persönlichkeiten zeigen: Helmut Kohl und Richard von Weizsäcker sind beide im kämpferischen Sternzeichen Widder geboren. Kohl hat auch den Aszendenten im Widder, was sich gelegentlich in Ungestüm und einem Mangel an diplomatischem Geschick äußert. Weizsäcker dagegen hat einen Waage-Aszendenten: Obwohl durchaus ein Kämpfer, besticht er vor allem durch seinen liebenswürdigen Charme und seine Redegewandtheit. Kaum zu erwarten, daß er sich bedenkenlos und ruppig ins »Schlachtengetümmel« stürzt. Anlage ist nicht dasselbe wie Charakter. So wird ein Waage-Aszendent zwar das äußere Auftreten glätten und harmonisieren, doch ob sich dahinter auch ein im Kern friedliebender Mensch verbirgt, ist nicht gesagt. Auch Adolf Hitler hatte einen Waage-Aszendenten.

Von der Mutter geerbt

Mutter und Tochter haben einen Waage-Aszendenten, zwischen beiden besteht eine tiefe Verwandtschaft. Jeder Astrologe macht die Beobachtung, daß sich in vielen Familien die Sternzeichen auffällig oft wiederholen – als würden sie vererbt. Warum? Vielleicht müssen Kinder Lebensthemen eines Elternteils aufgreifen, die noch nicht ausreichend gelöst wurden.

Dominiques Mutter hat eine sehr schwere Zeit erlebt, mit außergewöhnlich harten Konflikten sowohl im privaten wie im beruflichen Bereich. Das deutet auf eine typische Waageproblematik hin. Mit einer Waagebetonung – ob als Sternzeichen oder als Aszendent – haben Menschen das Bedürfnis, die vielen Gegensätze des Lebens in ein harmonisches Miteinander zu führen. Oft übersehen sie dabei, daß Ausgleich und Harmonie nicht durch Vermeidung von Reibung zu erreichen sind, sondern im Gegenteil durch das Reifen an bewußt und verantwortungsvoll durchlebten Konflikten. Nicht von ungefähr wird in der griechischen Mythologie die Göttin der Harmonie aus der Vereinigung von Aphrodite (Venus) und dem Kriegsgott Ares (Mars) geboren. Viele unter dem Zeichen Waage Geborene müssen die Erfahrung machen, daß gerade sie – die sich Frieden und Harmonie wünschen – immer wieder scheinbar völlig unschuldig in Streit und Auseinandersetzung verwickelt werden. Aber was wir als von außen aufgezwungen erleben, wird in Wirklichkeit oft unbewußt von uns selbst provoziert. Wartet auch auf Dominique dieses Konfliktthema? Wird es ihr gelingen, die Erfahrungen der Mutter positiv für das eigene Leben anzuwenden?

Vom Vater geerbt

Auch zum Wesen des Vaters besteht eine tiefe Verbindung. Wie bei ihm steht bei Dominique der Mond im Steinbock. Das spricht für ein tiefes Gefühl von Verantwortung, Pflichtempfinden und oft für latente Schuldgefühle der Mutter gegenüber. Kinder mit einem »steinigen« Mond entwickeln oft eine tiefe, aber auch ängstliche Beziehung zur Mutter. Aus Angst, von ihr verlassen zu werden, versuchen sie gehorsam und zuverlässig zu sein. Aber ein Steinbock-Mond bedeutet auch seelische Belastbarkeit.

Daher stelle ich die Frage noch einmal neu: Warum erbt ein Kind bestimmte Themen aus den elterlichen Horoskopen? Weil die damit verbundene mögliche Problematik von (den Ahnen und) den Eltern noch nicht ausreichend bearbeitet wurde? Oder weil die Konstellation sich bewährt hat und somit als wertvolle Erfahrung weitergegeben wird? Beides ist möglich.

HAUKE

Hauke, geboren am 27. August 1980, 16.50 Uhr, in Duisburg, im Sternzeichen Jungfrau, Aszendent Schütze

»Ich sehe furchtbar ernst aus, als hätte ich Angst, etwas falsch zu machen. Der Mund gefällt mir ganz gut. Meine Augen sind starr und unecht. Überhaupt wirkt alles oberhalb der Nasenspitze wie eine Maske. Meine Haare sind nicht wuschelig genug, sie liegen viel zu ordentlich auf dem Kopf. Ich gefalle mir einfach nicht. Ich habe nicht das Gefühl, daß ich das auf dem Foto bin. Sonst sehe ich mich ganz anders. Ich bin hampelig, chaotisch, eine Quasselstrippe. Eine Eigenschaft habe ich noch, die gar nicht zu den anderen paßt: Ich kann taktieren. Damit meine ich zum Beispiel: Ich diskutiere mit einem Lehrer über eine Sache, besiege ihn, dann laß ich ihm aber die Möglichkeit, sein Gesicht zu wahren, denn ich muß ja mit ihm weiter auskommen ...« (Hauke, 14 Jahre)

HEISS ERSEHNT UND GLÜCKLICH GEBOREN

An die Geburt von Hauke kann ich mich gut erinnern. Besonders eingeprägt haben sich mir die Sicherheit, das Vertrauen, das die Mutter ausstrahlte. Sie erzählte mir später, schon in der Schwangerschaft das Einssein mit ihrem Baby empfunden zu haben, die absolute Zuversicht, daß sie beide es schon schaffen werden. Und dieses Gefühl verlor sie auch nicht, als der Arzt während der Schwangerschaft plötzlich Bedenken äußerte, das Baby könnte zu früh auf die Welt kommen. »Ich bin doch die Mutter, ich fühle am besten, was in mir passiert, wie es meinem Baby geht ...« Heute sagt Haukes Mutter: »In keinem Moment der Geburt hatte ich ein Gefühl von Niederlage oder Verzweiflung – und das ist vielleicht der Grund, warum alles so gut ging.«

STATIONEN EINES GESICHTS

Ich fotografierte Hauke insgesamt viermal; das erste Mal gleich nach der Geburt, zuletzt, als er vierzehn war. Beim Betrachten dieser Aufnahmen konnte ich durchaus Ähnlichkeiten erkennen. Eigenartig sind vor allem die Augen. Die nach außen spitz zulaufende Form rückt die Pupillen mehr nach innen. Die oberen Augenlider sind verdeckt – der Blick kommt von tief hinten. Auf mich wirken diese Augen stark, sie zeigen ein reiches Seelenleben. Aber sie deuten auch auf den Taktiker hin, den Hauke in sich bereits erkannt hat: Sie sind schmal, die Iris berührt sie oben und unten, wodurch weniger Weiß sichtbar wird. Die Augen eines Diplomaten, der mehr beobachtet und erkennt als von sich selbst preiszugeben. Das hat nichts mit Falschheit zu tun, sondern mit Vorsicht.

Als kleines Kind wirkte Hauke feminin und weich. Mit seinen langen Haaren und dem milden Gesichtsausdruck sah er aus wie ein kleiner Engel. Das erinnert an das Sternzeichen Fische. Hauke ist zwar Jungfrau/Schütze, hat aber den Mond in den Fischen. In der Kindheit lebt der Mensch

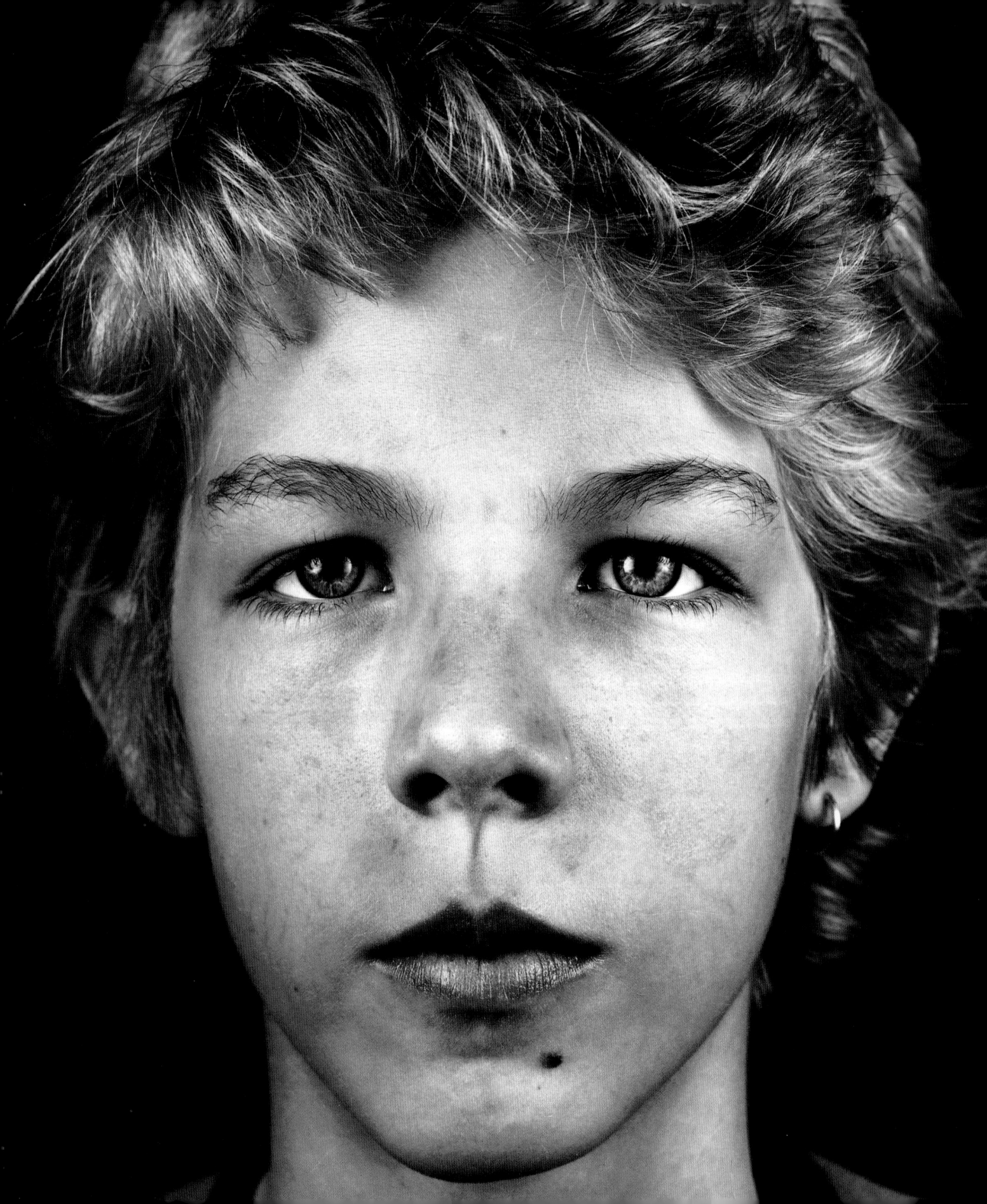

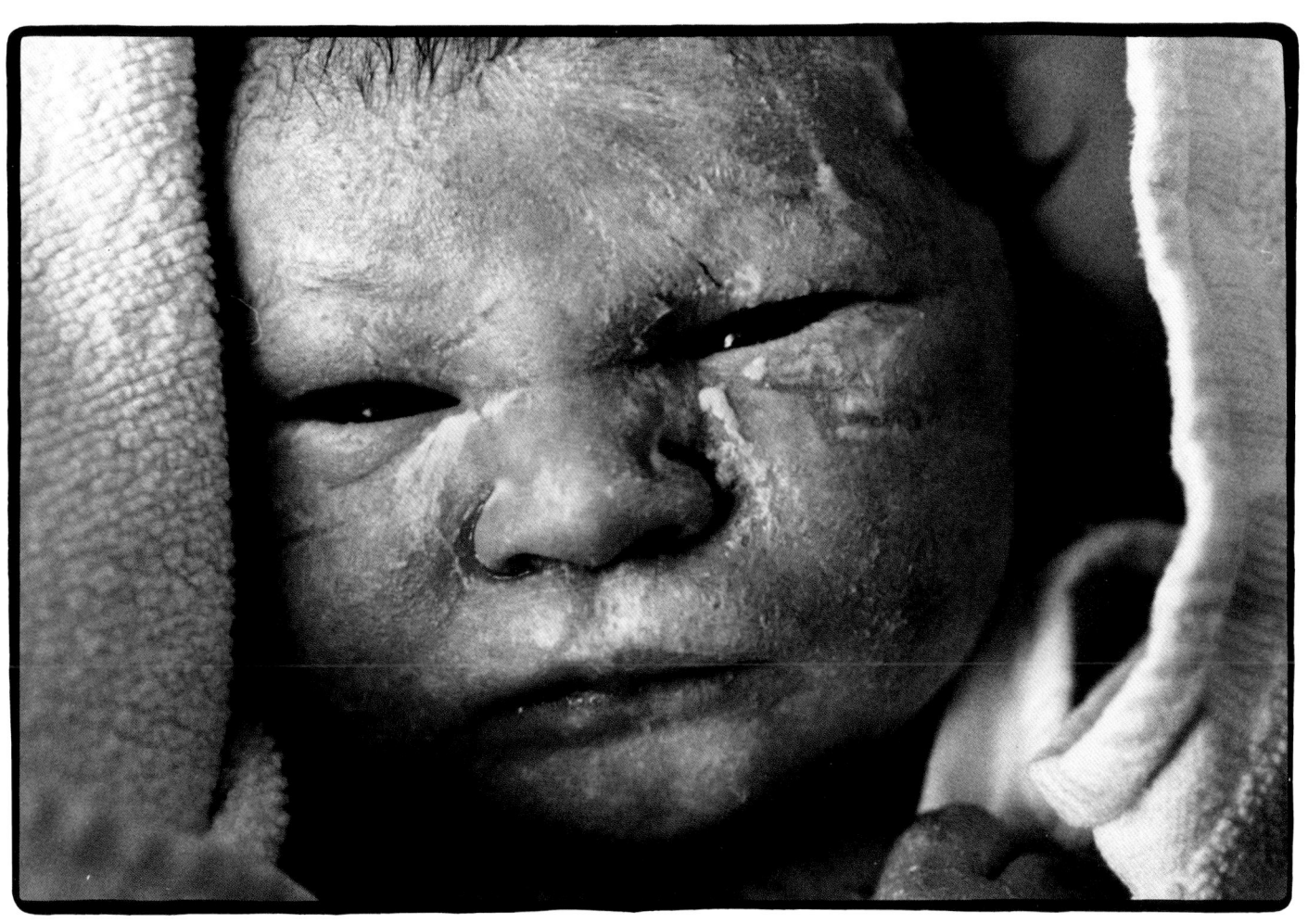

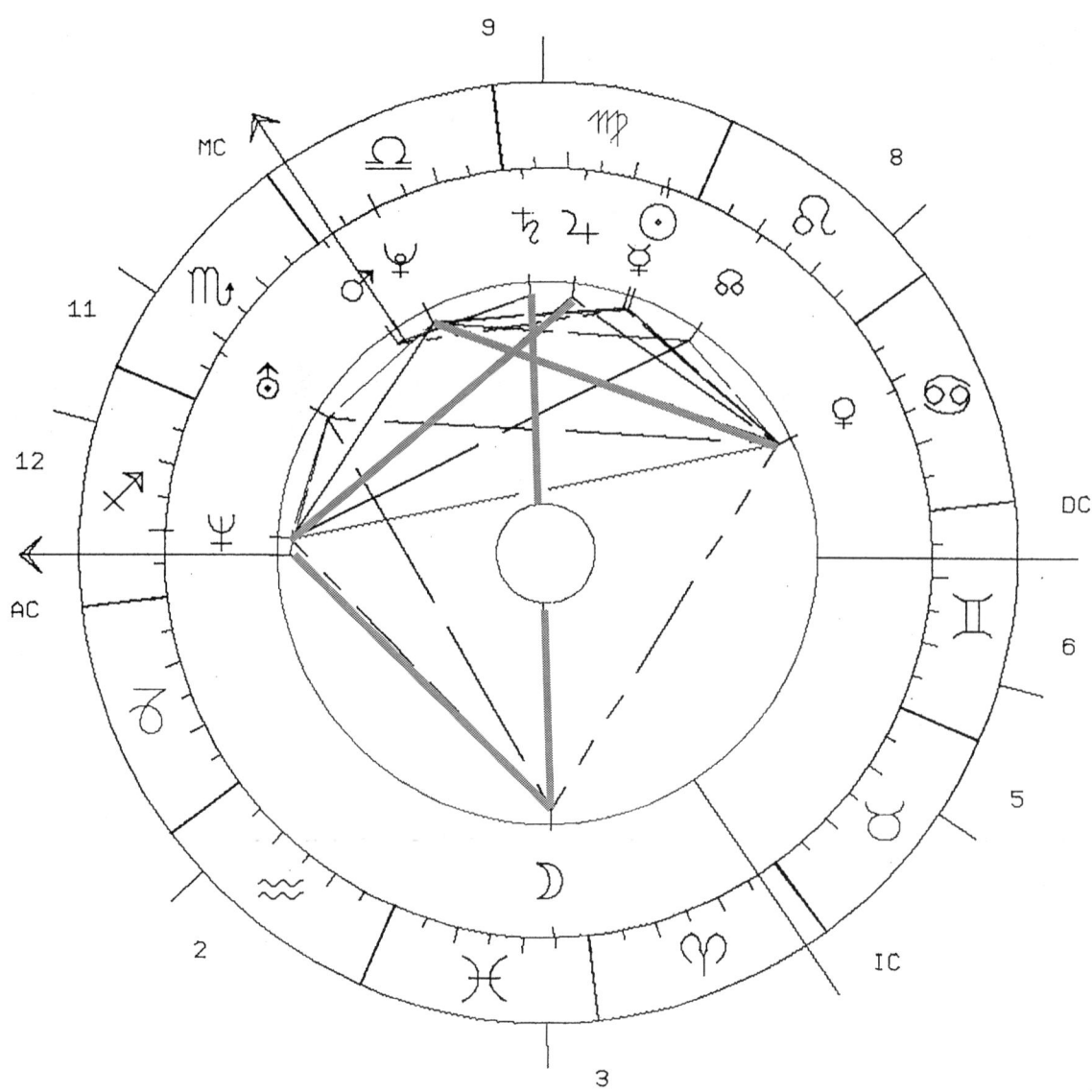

Radix

			☉	☽	☿	♀	♂	♃	♄	⚷	♆	♇	☊
☉	♍	4 28	☉										
☽	♓	24 47		☽									
☿	♍	5 36	☌		☿								
♀	♋	18 43	∠	△	∠	♀							
♂	♎	28 58	✶				♂						
♃	♍	17 9				✶		♃					
♄	♍	26 58		☍				⊼	♄				
⚷	♏	21 51	△		△					⚷			
♆	♐	19 55 ℞		□		⊼		□			♆		
♇	♎	19 56	∠		∠		□			⊼	✶	♇	
☊	♌	19 12 ℞				⊼						△	✶	☊
AC	♐	23 15				□					⊼		
MC	♎	27 13					☌			⊼			

Hauke

27/ 8/1980
16h 50m
Duisburg, D
2hE 0m
6E 46'
51N 25'

Haeusersystem Placidus
 2. ♒ 6 5   3. ♓ 23 41
11. ♏ 19 51   12. ♐ 7 18

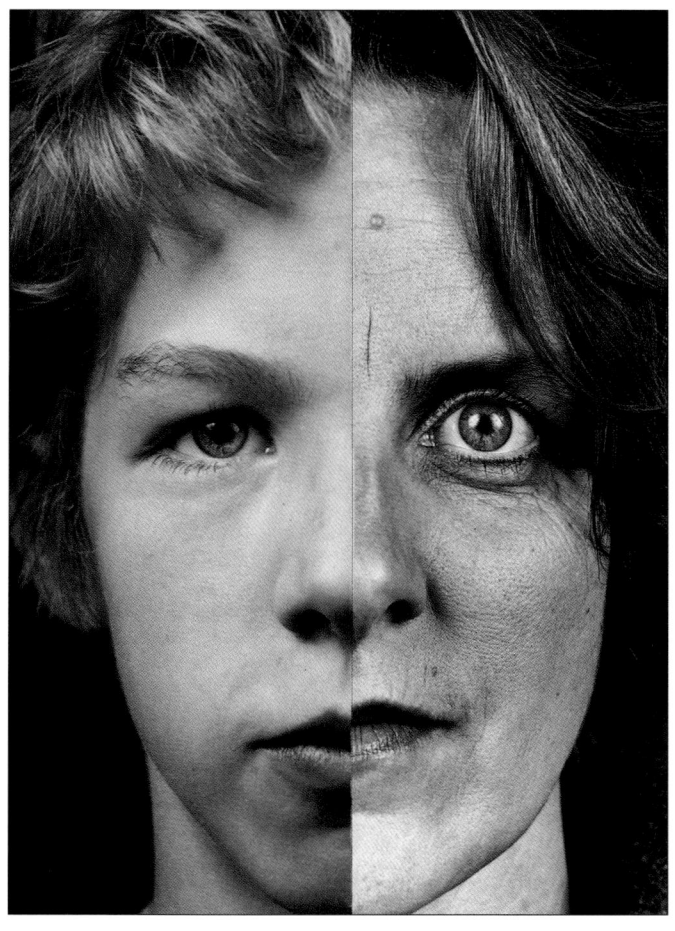
Links: Hauke   Rechts: Mutter

Links: Hauke   Rechts: Vater

mehr seinen Mond als die Sonne. Das zeigt sich oft auch im Aussehen.

Jetzt, mit seinen 14 Jahren, gibt es in Haukes Gesicht immer noch diesen weichen Zug, doch wirkt das Ganze schon maskuliner, knochiger. Eine Portion Eigensinn wird sichtbar. Kinn und Nase brauchen zwar noch etwa sieben Jahre, bis sie ihre charakteristische Form erreicht haben. Aber das längliche Kinn läßt ahnen, daß hier ein Mensch ist, der sich durchsetzen und ungeduldig sein kann. Im Unterschied zu einem breiten Kinn zeigt die spitze Form jedoch, daß Hauke dabei eher rücksichtsvoll als mit Ellenbogengewalt, eher geschickt als grob vorgehen wird. Der Nasenrücken ist breit; geschehen keine allzu großen Veränderungen mehr, kündigt sich damit Belastbarkeit und Ausdauer an – und eine Neigung zum Realen, die (noch) im Widerspruch steht zum träumerischen Ausdruck des Fische-Monds. Auffällig ist die Einbuchtung der Schläfen: Das kann ein Hinweis sein auf einen Menschen, dem es nicht wichtig ist, große Reichtümer anzuhäufen und entsprechend sparsam zu leben.

LEBENSTHEMA IM HOROSKOP

Natürlich ließe sich ein ganzes Buch mit Aussagen über ein Horoskop füllen. Hier möchte ich nur *eine* Spannung, *ein* Thema in Haukes Horoskop ansprechen und erklären, weil es sich besonders deutlich in Haukes Gesicht und in dessen eigenen Aussagen widerspiegelt. Mit seinem Fische-Mond (der zudem noch einen Aspekt von Neptun, dem Herrscher des Fischezeichens, erhält) ist dieser Junge ein Gefühlsmensch, offen für die Welt der Träume, Ahnungen und Bilder. Eine Künstlernatur, die sich in seiner starken musischen Begabung zeigt. Hauke dichtet, spielt gut Klavier, improvisiert und komponiert, hat schon einen Musikwettbewerb gewonnen. Er bezeichnet sich als hampelig, chaotisch, unruhig und betont diese Seite so, als ob er sie verteidigen müsse. Aber gegen wen?

Gegen sich selbst. Denn es gibt eine Seite in Hauke, die sich im kräftiger werdenden Kinn und in der Nase ausdrückt und auch bereits im Horoskop angelegt ist: Die Sonne steht im »Vernunfts«-Zeichen Jungfrau, und der »poetische« Fische-Mond bekommt einen kräftigen Aspekt vom »nüchternen« Saturn. Hier wollen auch andere Anlagen gelebt werden: Realismus, Vernunft, Konzentration, Ordnung, Struktur.

Hauke spürt und sieht diese Seite schon in sich, möchte sie aber noch nicht leben. »Ich sehe aus, als hätte ich Angst, etwas falsch zu machen ... Ich habe nicht das Gefühl, daß ich das bin.«

Bezeichnend ist seine Klage über die Haare: Sie sind zwar keineswegs glatt und »brav«, ihm selbst aber viel zu ordentlich. Haare sind ein Ausdruck unseres triebhaften, unbewußten Gefühlslebens. Wuschellocken zeigen einen wuscheligen, unruhigen und vielseitigen Geist. Das ist die Seite, die Hauke jetzt noch in sich betonen und voll ausleben möchte. Thema seines Lebens wird sein, sich weder *für* noch *gegen* das Chaos, weder *für* noch *gegen* Ordnung zu entscheiden, sondern beide Pole zu verbinden. Sein feuriger, begeisterungsfähiger und großzügiger Schütze-Aszendent kann ihm dabei helfen.

SEELENVERWANDTSCHAFTEN

Vater, Mutter, Sohn – alle drei gleichen sich äußerlich. Die Eltern haben eine deutlich ähnliche Kopfform, einen verwandten Ausdruck im Gesicht. »Es war Liebe auf den ersten Blick«, erinnern sie sich an ihre Begegnung. Oft sind es eben doch nicht die Gegensätze, sondern die Ähnlichkeiten, die sich anziehen.

Beim Betrachten der Horoskope bestätigt sich, wie so oft, meine Vermutung, daß Lebensthemen von den Eltern an ihre Kinder weitergegeben werden. Die Mutter hat ihren Mond in der Jungfrau, dort, wo Haukes Sonne steht. Das ist die Grundlage für eine gute, verständnisvolle Beziehung. Mit dem Vater ist in vielen Bereichen sogar wortloses Verstehen möglich. Vater und Sohn haben einen Schütze-Aszendenten, sind also lebhaft, weltoffen, menschenfreundlich und großzügig, mit einem starken Gefühl für erstklassige Qualität. Bei beiden bildet Neptun einen Aspekt zum Mond: Sie lieben Musik, Romantik, können Stimmungen erspüren, fühlen sich ahnungsvoll in die Wünsche der Mutter (beziehungsweise Ehefrau) ein. Beide haben aber auch einen ernüchternden Aspekt von Saturn zu dieser gefühlvollen, idealistischen Mond-Neptun-Verbindung. Das kann herbes Erwachen aus schönen Träumen bedeuten, immer wieder Enttäuschung, wo Illusionen herrschten, und nicht selten Moll-Stimmung oder sogar Zeiten von Depression.

Petra und Holger

Petra und Holger, geboren am 4. Januar 1980, 23.14 Uhr und 23.18 Uhr, in Freckenhorst, im Sternzeichen Steinbock, Aszendent Jungfrau

»Also, ich könnte schöner sein. Ich sehe ganz verträumt aus. Als ob ich tief in meine Gedanken versunken bin. Meine Augen sind richtig schön groß, ich habe lange Wimpern. Mein Mund? Na ja, nicht der schönste. Aber ich kann damit leben. Die Nase ist viel zu breit, und dazu noch diese Sommersprossen! Ich seh aus wie ein braves Mädchen. Aber das kann man von mir nicht sagen ... ich muß immer meinen Willen haben.« *(Petra, 14 Jahre)*

»Ich könnte noch schöner sein. Mein Blick ist verträumt, als ob ich gerade an jemanden denken würde. Meine Augen sind ein bißchen zu groß, aber sonst ganz in Ordnung. Ich bin zwar nicht der Schönste, aber ich akzeptiere mich, wie ich bin. Ich hätte gern eine andere Haarfarbe, am liebsten schwarze Haare, und ich wäre gern stärker und muskulöser und ein bißchen dünner.« *(Holger, 14 Jahre)*

Von Anfang an zu zweit

Zwillinge sind astrologisch oft ein Rätsel, denn sie haben, je nach Zeitabstand ihrer Geburt, ein fast gleiches Horoskop.

Petra und Holger sind zweieiige Zwillinge, haben also unterschiedliche Erbanlagen. Geboren sind sie aber im kurzen Abstand von vier Minuten, womit sich der Aszendent im Horoskop um 0,42 Grad verschiebt. Dieser minimale Unterschied ergibt eigentlich ein gleiches Horoskop. Bedeutend wird dieser Unterschied aber durch den Saturn am Aszendenten. Bei der erstgeborenen Petra hat der Aszendent den Saturn noch nicht ganz erreicht, bei ihrem Bruder ist er in exakter Konjunktion. Saturn gilt als »Hüter der Schwelle«, am Aszendenten kann er eine schwere Geburt bedeuten. Das Leben wird von Anfang an eher als Pflicht, denn als Geschenk erfahren. Beide Kinder kamen mit der Nabelschnur um den Hals auf die Welt.

Trotzdem erlebte Petra sehr viel weniger Geburtsstreß als der nachfolgende Bruder. Sie wurde sofort abgenabelt und von der Mutter gestillt. Es ging ihr gut. Holgers Geburt war dagegen schwierig, denn er hatte sich inzwischen im Bauch der Mutter zur Steißlage gedreht. Er litt an Sauerstoffmangel, wurde sofort künstlich beatmet und mußte den ersten Tag seines Lebens, getrennt von Mutter und Schwester, unter ärztlicher Überwachung verbringen.

Ein so unterschiedlicher Start ins Leben bei einem fast identischen Horoskop? War bei Petra und Holger doch der zwar winzige, gleichwohl existierende Unterschied in der Saturn-Aszendent-Konjunktion das Zünglein an der Waage, das den Ausschlag gab?

Die unterschiedliche Erfahrung hatte übrigens Symptomcharakter für die weiteren Jahre der Zwillinge. Petra, die erste und weniger geforderte, tut sich auch jetzt leichter. Beide Kinder sind kontaktfreudig und seelisch stabil, aber

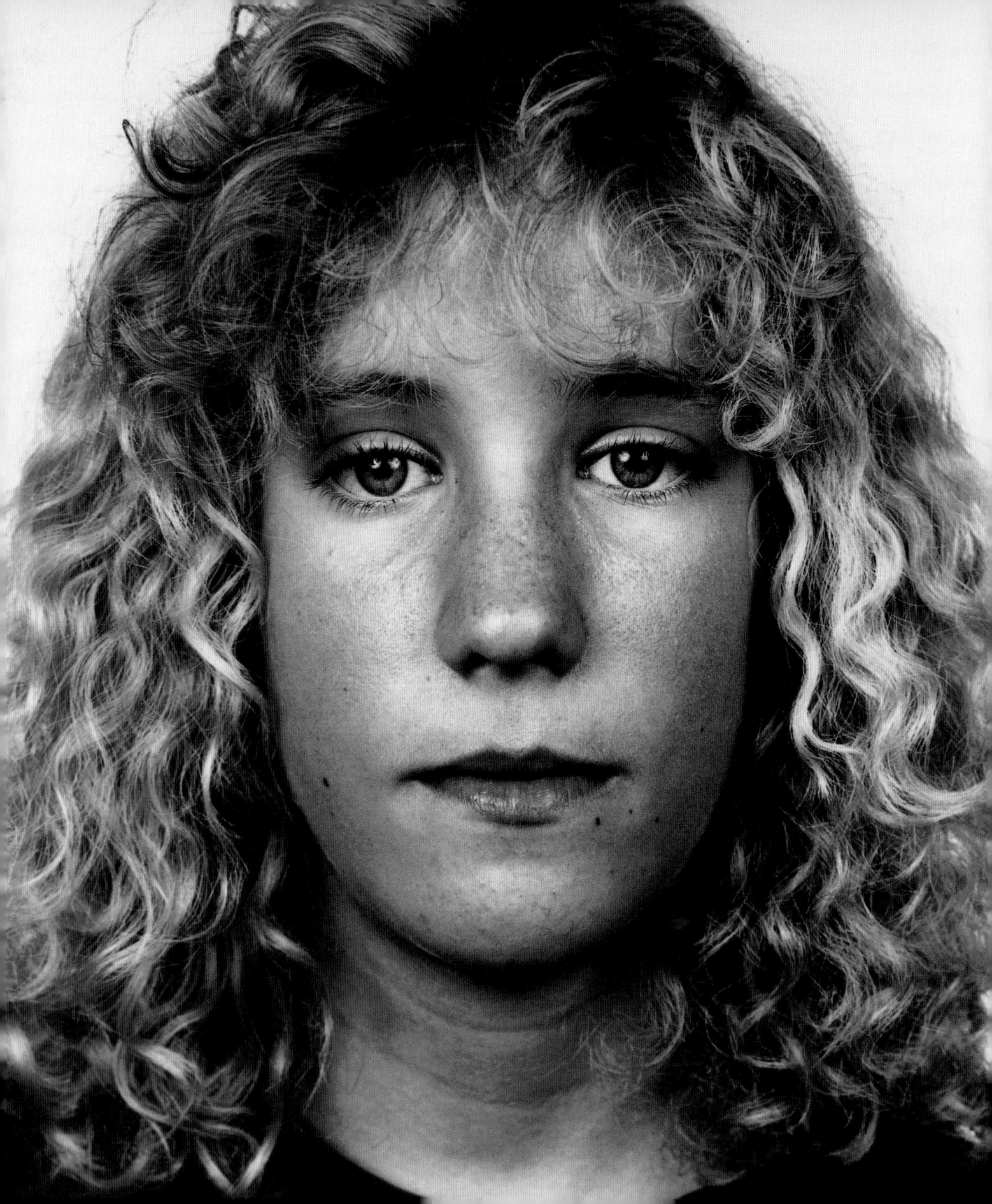

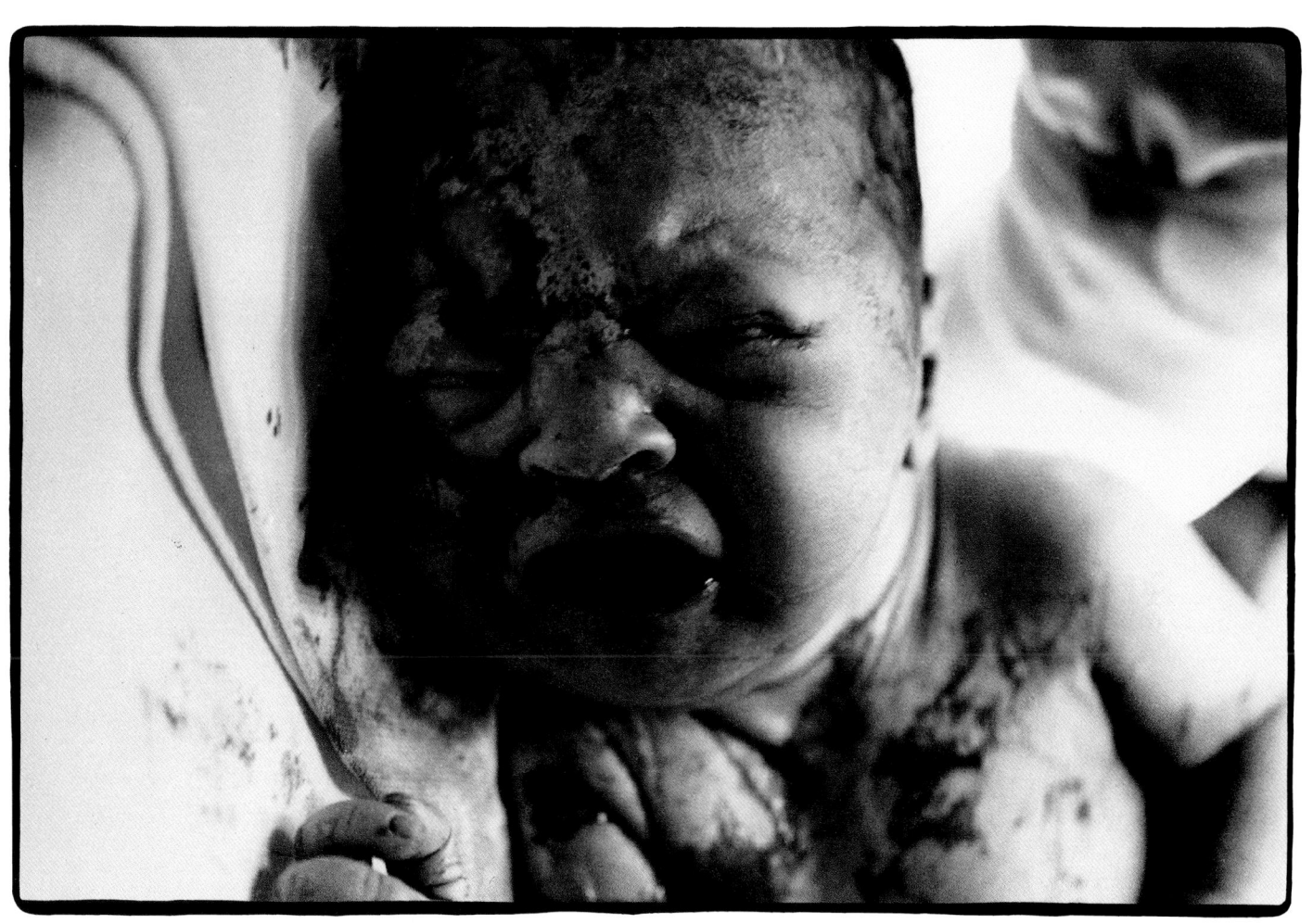

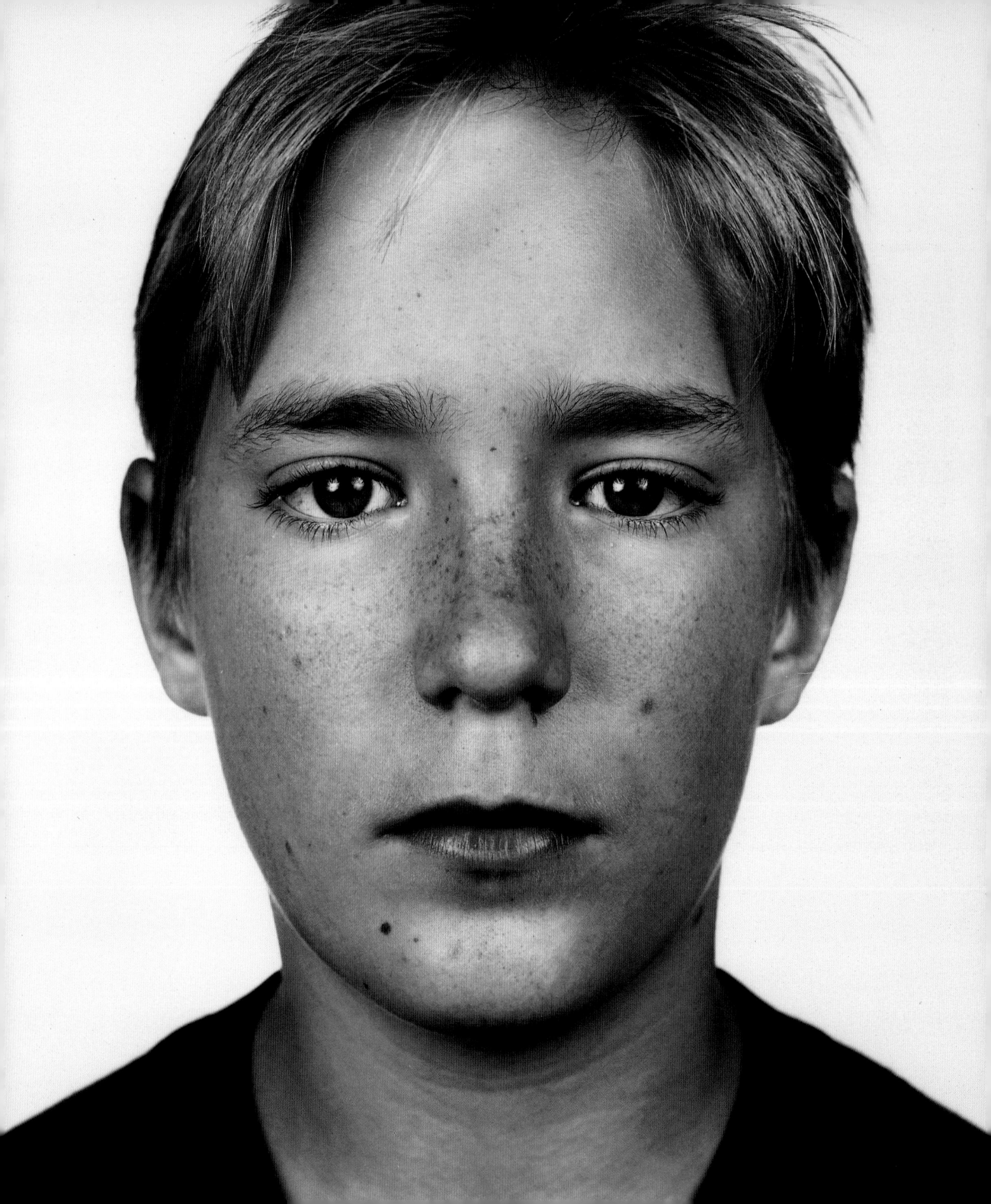

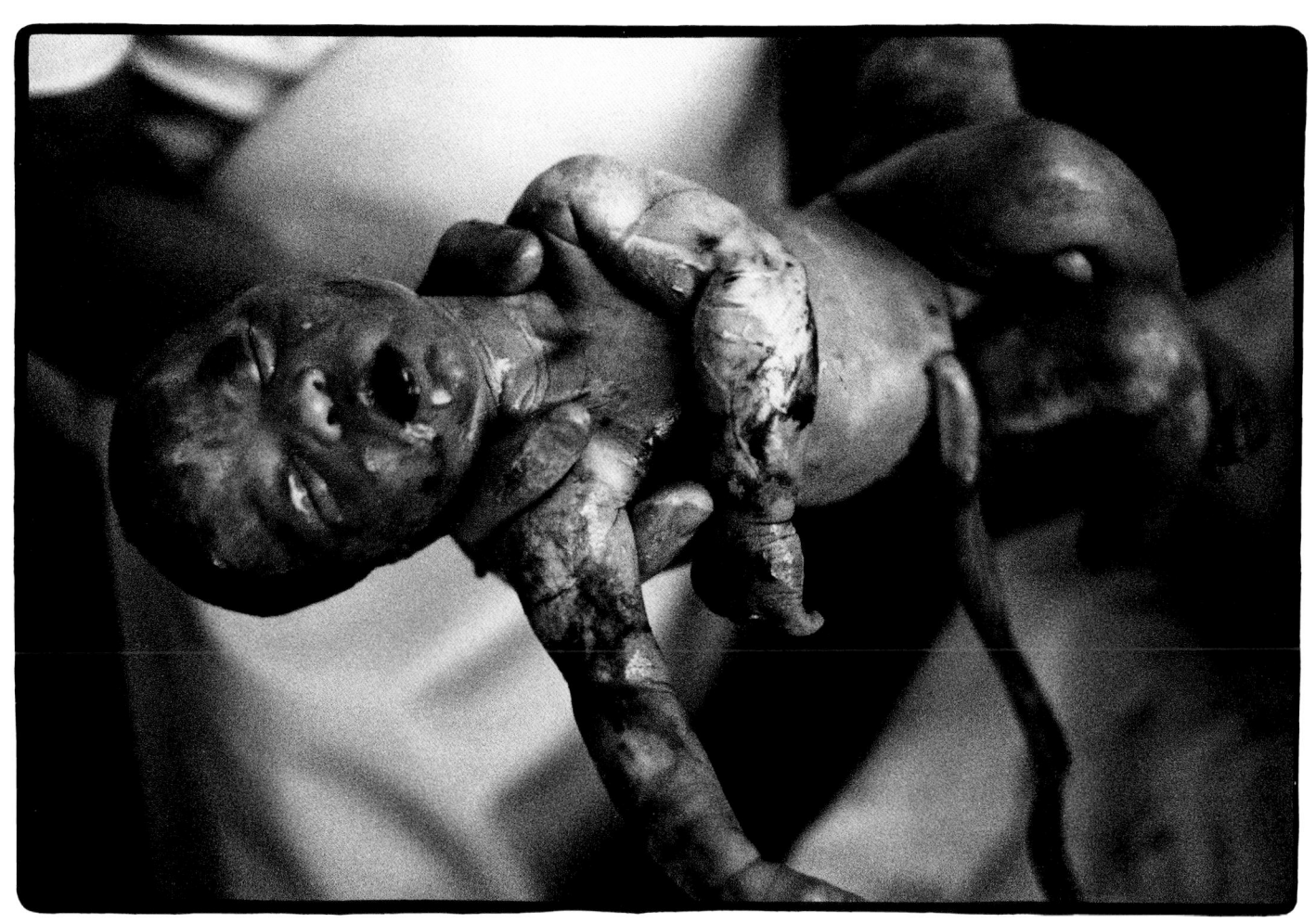

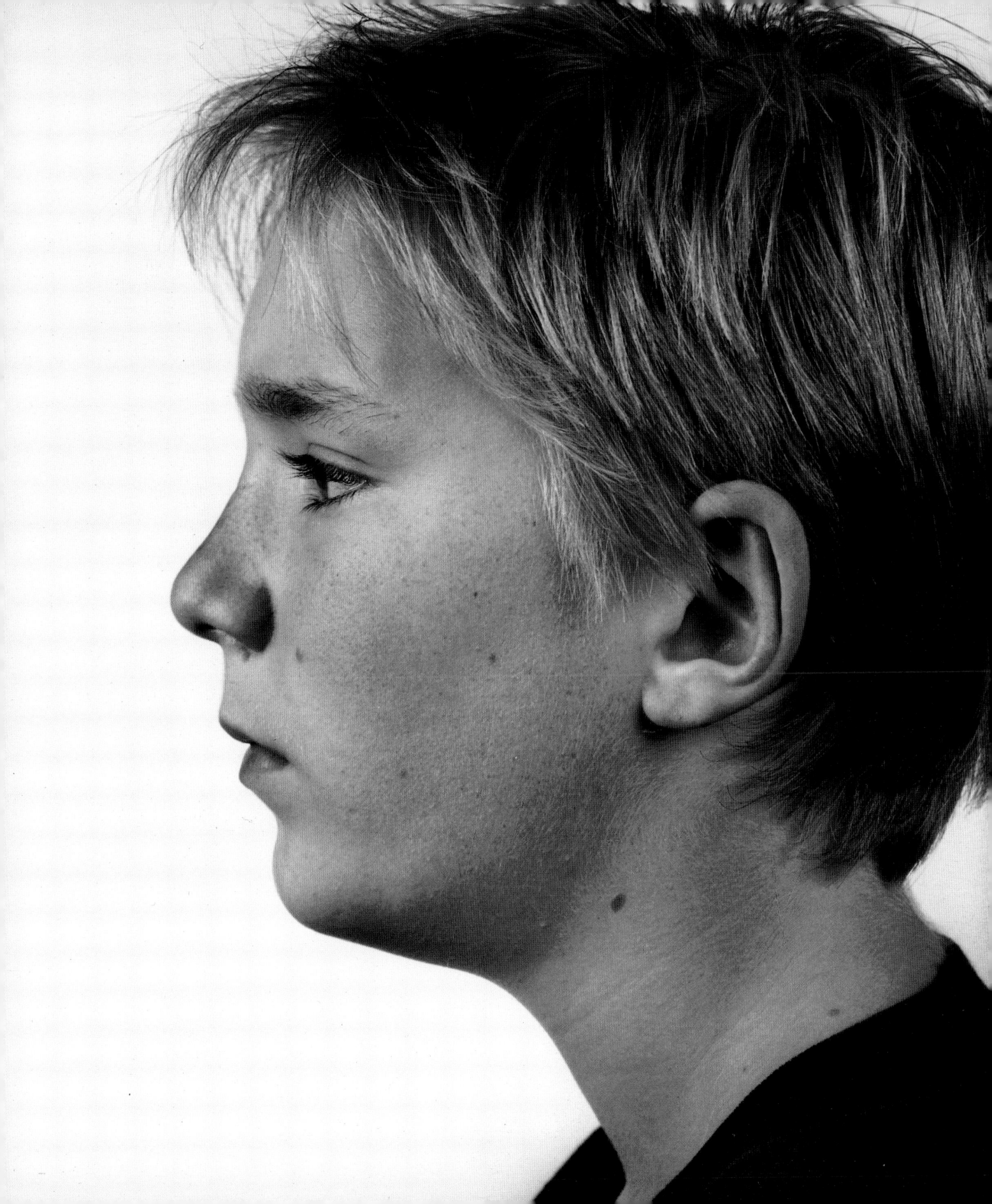

Holger fällt die Schule schwerer. Nach Aussage der Mutter ist er oft frustriert, weil er sich anstrengen muß, während seiner Zwillingsschwester der Lernstoff einfach so zufliegt.

Zwei Gesichter

»Wie ähnlich seid ihr euch eigentlich?« Diese Frage bekommen Zwillinge wohl immer wieder zu hören. Bei Petra und Holger gibt es viele Übereinstimmungen, die allerdings nicht so sehr auf den ersten Blick zu erkennen sind. Sichtbar wurden sie, als ich die rechte Gesichtshälfte des einen Zwillings mit der linken des anderen zusammensetzte (siehe rechte Seite).

Besonders unterschiedlich sind die Haare der Zwillinge. Holgers Haare sind fein und weich, Petra hat eine prachtvolle Löwenmähne. Haare sagen auch etwas über Temperament und Empfindungen aus. Zart oder robust? Weich oder struppig? Wellen sind weich, weiblich, und entsprechen einem lockeren, lebhaften Gemüt. Ein ausgeprägter Lockenkopf vermittelt Gefühle von Sinnlichkeit, Genußfähigkeit und Lebensfreude. Waren deshalb in der Barockzeit große, prachtvolle Lockenperücken so beliebt? Astrologisch gesehen wird nicht nur in der Mähne, sondern auch in Petras Gesichtszügen das Sternzeichen Löwe sichtbar (obwohl sie Steinbock/Jungfrau ist): ein stolzer, direkter Blick, funkelnde Augen, eine kräftige, breite »Löwennase«. Das ganze Gesicht mit den fest geschlossenen Lippen zeigt Eigensinn: »Ich muß immer meinen Willen haben.«

Holgers Gesicht ist weicher, ovaler, es wirkt gefühlsbetont und nachgiebiger. Die Augen sind schmal, weniger kämpferisch, dafür beschaulicher. Der Blick ist zwar auch fest, wirkt auf mich jedoch wärmer, romantischer als bei der Zwillingsschwester. Diese Wahrnehmung wird von der Mutter bestätigt. Holger sei empfindlicher, sagt sie. Tritt man ihm zu nahe, kann er schon mal weinen, während Petra dann auf stur schaltet.

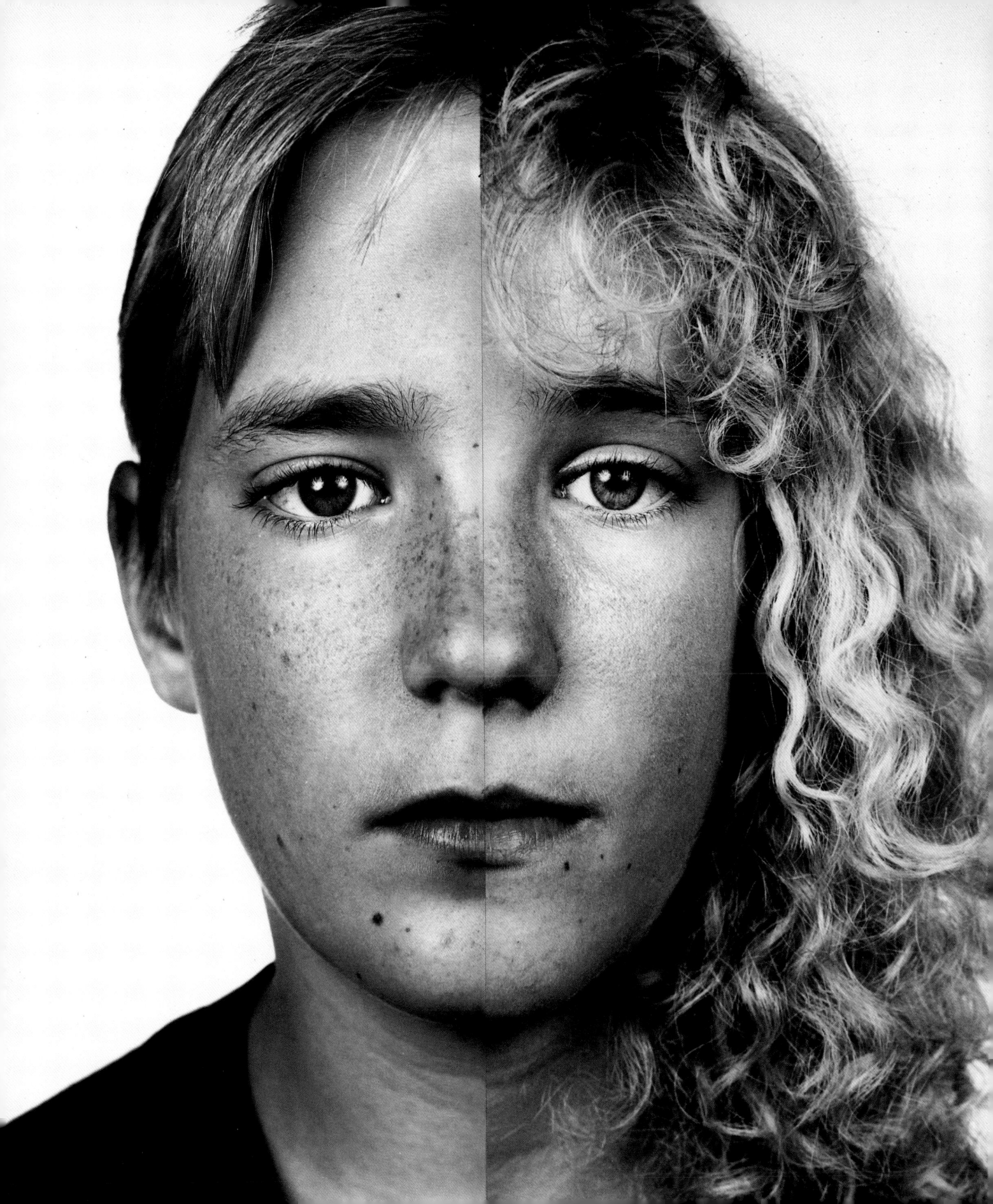

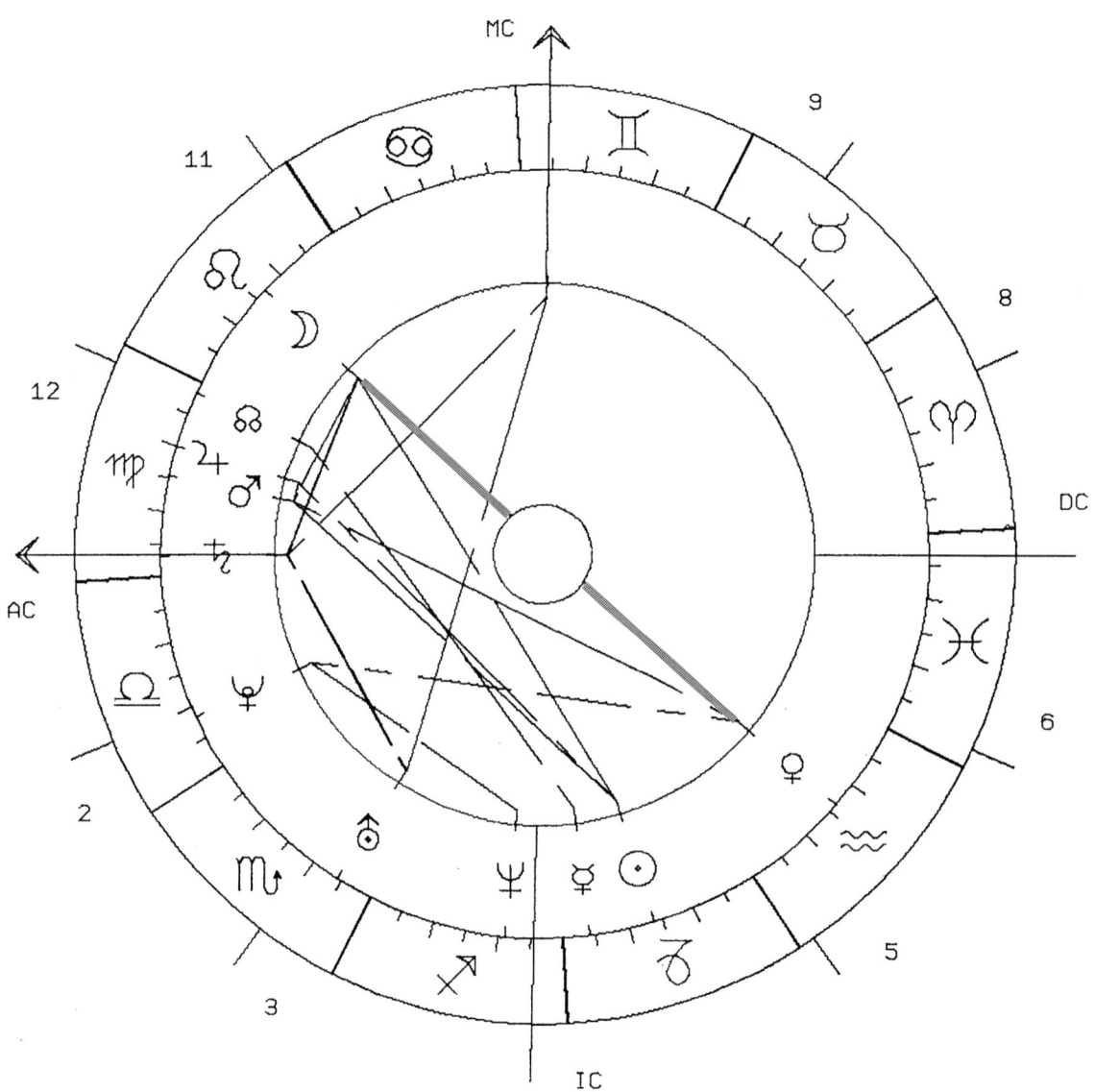

Radix

				☉	☿	♀	♂	♃	♄	⚷	♆	♇	☊
☉	♑	13	43										
☽	♌	13	5	☌									
☿	♑	4	1		☿								
♀	♒	16	15			☍	♀						
♂	♍	14	35	△			☌	♂					
♃	♍	10	6 r	△			☌	♃					
♄	♍	27	0	∠					♄				
⚷	♏	24	14						✶	⚷			
♆	♐	21	4								♆		
♇	♎	21	39			△				✶		♇	
☊	♍	1	41 r		△								☊
AC	♍	26	36	∠						☌	✶		
MC	♊	25	33							□			

Petra

4/ 1/1980
23h 14m
Freckenhorst, D
1hE 0m
7E 58'
51N 55'

Haeusersystem Placidus
2. ♎ 19 58   3. ♏ 19 37
11. ♌ 1 58   12. ♍ 2 24

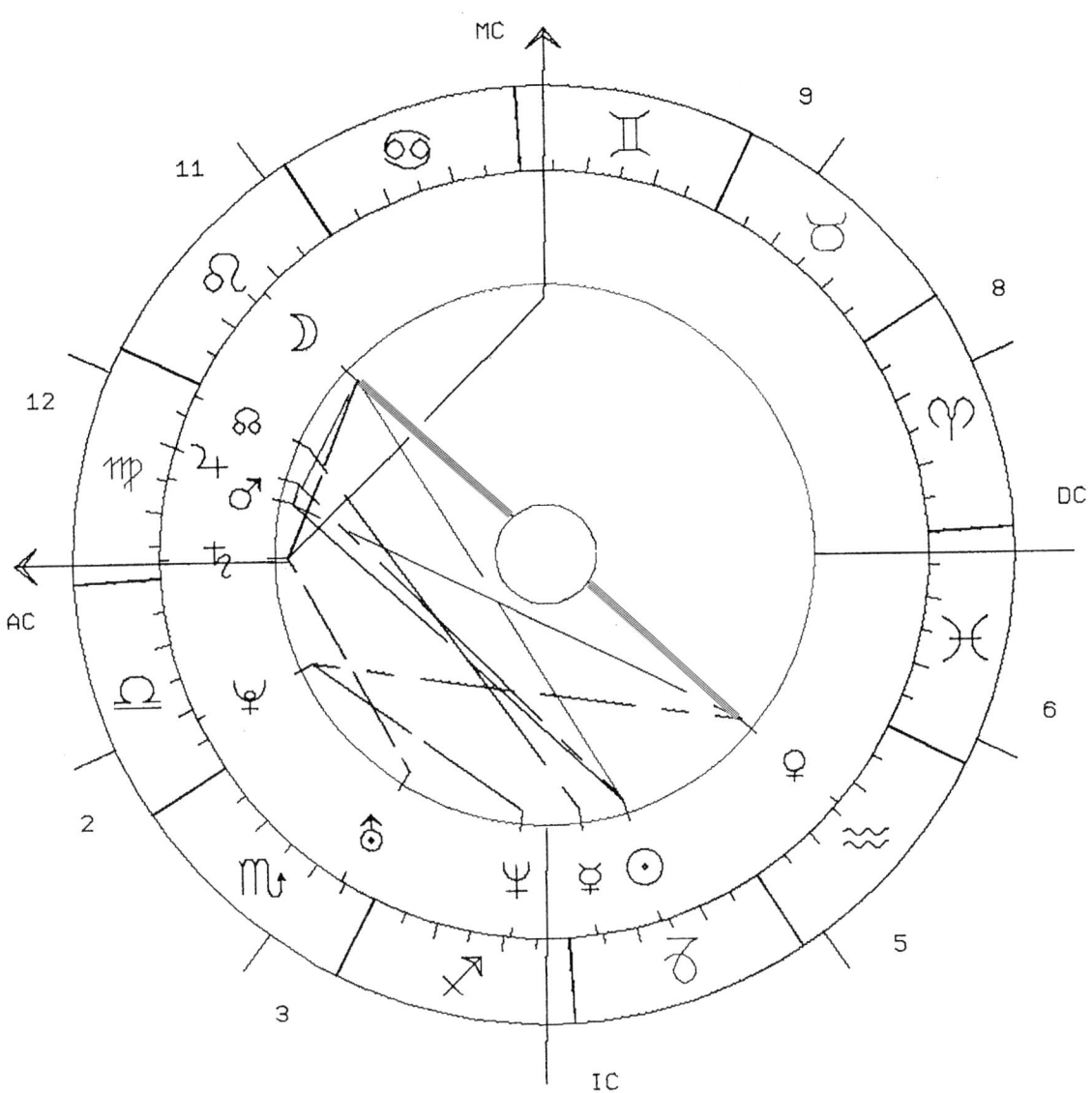

Radix

				☉								
☉	♑	13	44	☉								
☽	♌	13	7	⚻	☽							
☿	♑	4	1			☿						
♀	♒	16	15	☍			♀					
♂	♍	14	35	△	⚼	⚻	♂					
♃	♍	10	6 r	△			☌	♃				
♄	♍	27	0	∠					♄			
⚸	♏	24	14						✶	⚸		
♆	♐	21	4				△				♆	
♇	♎	21	39						✶			♇
☊	♍	1	41 r	△								☊
AC	♍	27	18	∠			☌					
MC	♊	26	28								□	

Holger

4/ 1/1980
23h 18m
Freckenhorst, D
1hE 0m
7E 58'
51N 55'

Haeusersystem Placidus
  2. ♌ 20 45   3. ♏ 20 30
 11. ♌ 2 50   12. ♍ 3 11

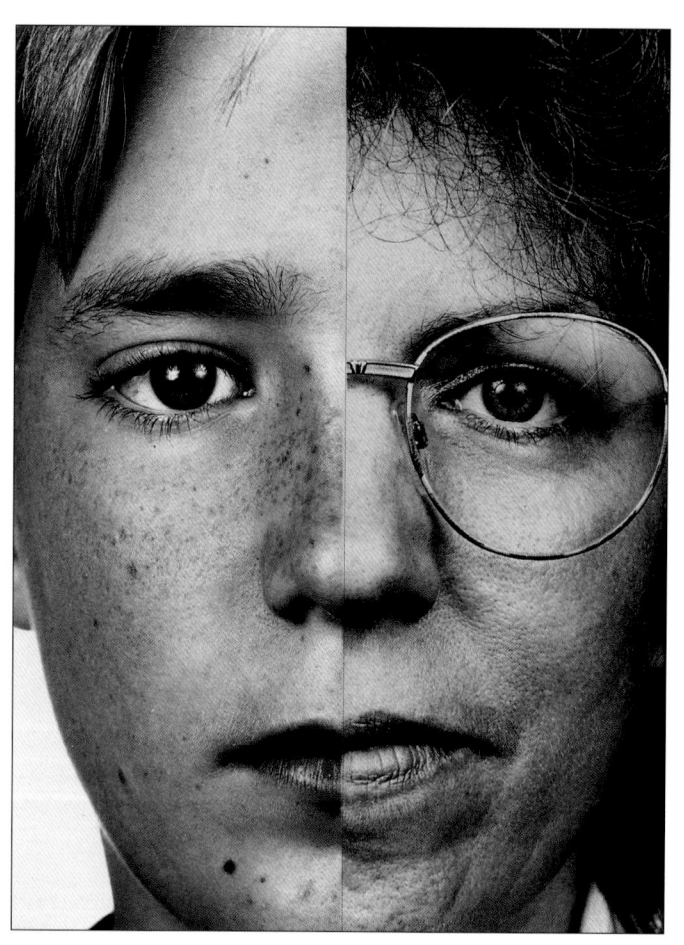
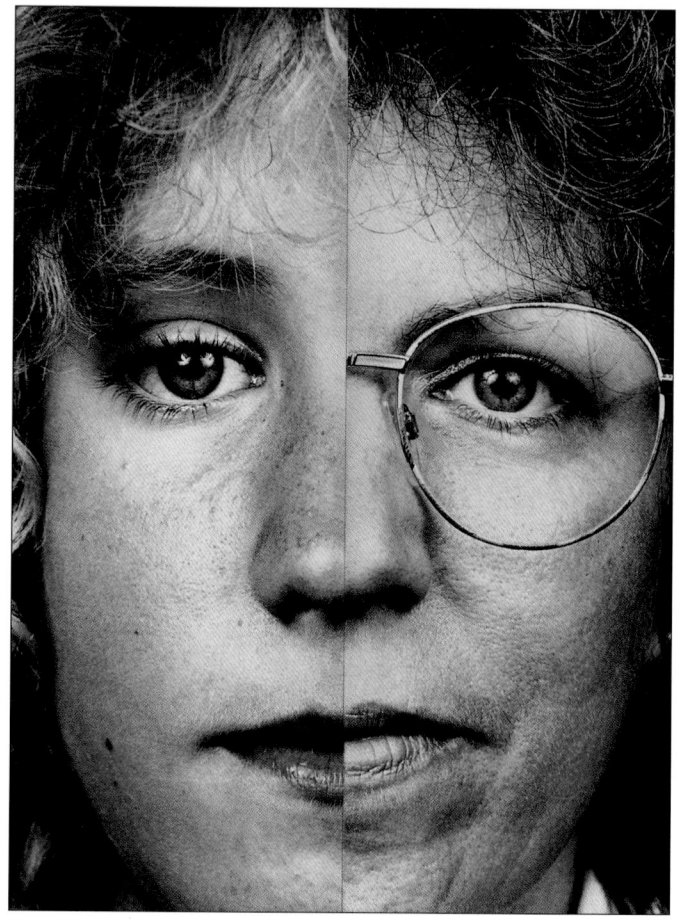

Links: Holger   Rechts: Mutter   *Links: Petra   Rechts: Mutter*

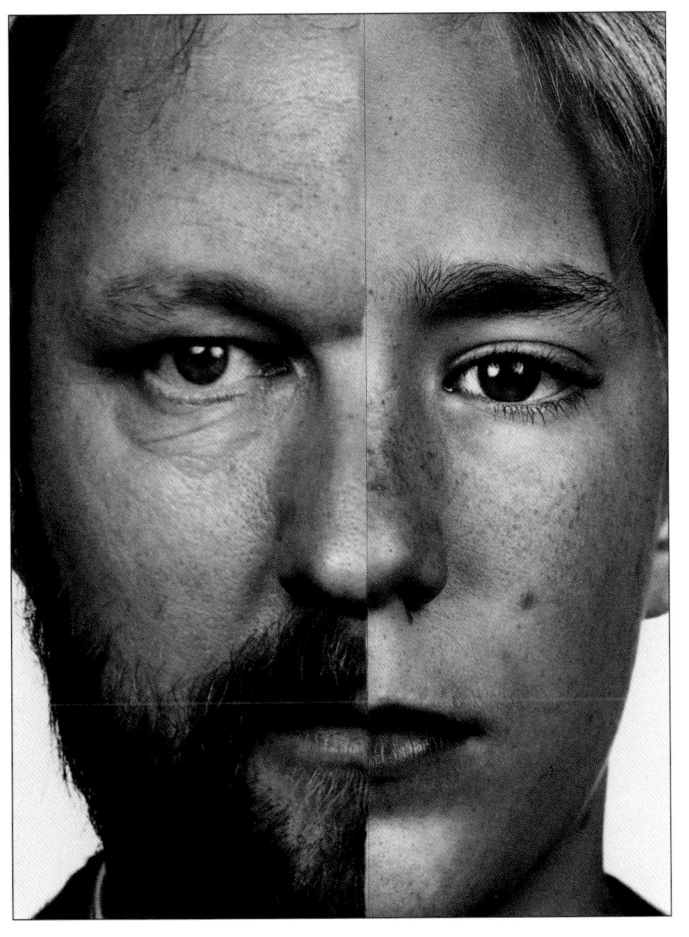

Links: Vater   Rechts: Holger   *Links: Vater   Rechts: Petra*

Sonne und Mond

Warum wirken zwei Menschen mit identischem Horoskop so unterschiedlich? Jedes der Kinder drückt eine bestimmte Konstellation im Horoskop verstärkt aus, das der andere weniger lebt. Petra identifiziert sich mehr mit den weiblichen Prinzipien Mond und Venus, Holger dagegen mit den männlichen Prinzipien Sonne und Mars.

Warum wirken bei Petra Mond und Venus, die eigentlich Gefühle ausdrücken, willensbetont, bei Holger dagegen Sonne und Mars, Symbole der Willenskraft, gefühlvoll? Lebensthema für Petra und Holger wird es sein, jene, jetzt noch nicht gelebten Aspekte zu integrieren. Auch bei Holger läßt sich die Löwennatur erkennen. Wie seine Schwester neigt er dazu, sein Haupt hoch erhoben zu tragen. Bei den Aufnahmen mußte ich beide immer wieder bitten, den Kopf geradezuhalten, denn schon die kleinste Neigung nach oben oder unten erzeugt optische Verzerrungen, die das Zusammensetzen der Gesichtshälften unmöglich machen. Aber bei beiden Kindern ging der Kopf immer wieder schnell nach oben, ein Ausdruck von echtem »Löwenstolz«.

Übrigens: Auch hier wieder ein Zeichen für die Vererbung astrologischer Merkmale: Wo der Mond der Kinder steht, befindet sich im Horoskop des Vaters die Sonne. Im Zeichen Löwe.

Für Astrologie-interessierte Leser: Der Mond ist im Zeichen Löwe und im 11. Haus, analog zum 11. Tierkreiszeichen Wassermann, Element Luft. Die Venus steht in Opposition im Luftzeichen Wassermann und im 5. Haus, analog zum 5. Feuerzeichen Löwe. Feuer und Luft sind männliche Elemente, darum willensbetont. Mond und Venus sind also in männlichen Zeichen und Häusern.

Die Sonne steht im Steinbock, der Mars in der Jungfrau, beide sind Erdzeichen. Die Sonne im 4. Haus, analog zum 4. Tierkreiszeichen Krebs (Wasser), der Mars im 12. Haus, analog zum 12. Zeichen Fische (Wasser).

Erde und Wasser sind weibliche Elemente und berühren darum mehr die Gefühle.

Planeten in den Zeichen zeigen die Energie, die Häuser geben die Richtung, in die sie wirken.

Karina

Karina, geboren am 19. Oktober 1979, 18.40 Uhr, in Freckenhorst, im Sternzeichen Waage, Aszendent Zwillinge

»Auf den ersten Blick gefällt mir mein Bild gut. Mir fällt aber auf, daß ich sehr ernst und etwas verträumt ausschaue. Leider kann man meine häßlichen Sommersprossen sehen. Meine Haare gefallen mir sehr gut. Ich akzeptiere mich so, wie ich bin.« *(Karina, 14 Jahre)*

»Auf dem Foto kommt mir meine Tochter viel älter als 14 Jahre vor. Ein sehr ernstes, etwas trauriges Gesicht. Wo sind ihre witzigen Grübchen, ihr verschmitztes Lächeln, die ich so an ihr liebe? Das ovale Gesicht, die Augenpartie, die feine Nase und der kleine Mund passen sehr gut zusammen. Für mich drückt das Gesicht Feingefühl und Empfindsamkeit aus. Im großen und ganzen ein sehr ausgewogenes Gesamtbild.« *(Mutter)*

Doppel-Geburtstag

Karinas Mutter stand in der Küche und kochte Kaffee für die erwarteten Gäste. Es war ihr 26. Geburtstag. Das Ziehen im Rücken wird schon wieder vorbeigehen, dachte sie. Irrtum, es wurde immer stärker, und schließlich mußten die Geburtstagsgäste allein weiterfeiern. Daß ihr Baby so schnell kommen würde, hätte die Mutter nie für möglich gehalten. »Als mein Mann und ich in der Klinik eintrafen, dachte ich, es würde noch Stunden dauern. Meine erste Entbindung zwei Jahre zuvor war sehr mühsam gewesen. Die Geburt mußte eingeleitet werden, und die Nabelschnur war zweimal um den Hals meines Sohnes gewickelt. Aber bei Karina ging alles ganz flott, zwei Stunden nach Ankunft in der Klinik war sie schon auf der Welt. Eine schöne, sanfte Geburt. Übrigens war Karina auch als Baby pflegeleicht. In den ersten Monaten hat sie so wenig geschrien und so viel geschlafen, daß ich sie zum Füttern manchmal wecken mußte. Bei meinem Sohn war das ganz anders.«

Das Kind am eigenen Geburtstag zu bekommen – was für ein schönes, seltenes Geschenk für eine Frau! Karina und ihre Mutter sind nicht nur am gleichen Tag, sondern auch zur gleichen Tageszeit auf die Welt gekommen. Sternzeichen (Waage) und Aszendent (Zwillinge) sind also gleich. Das aus der linken Gesichtshälfte der Mutter und der rechten der Tochter zusammengesetzte Porträt zeigt, wie ähnlich sich die beiden sind.

Zarte Züge

»Ein ausgewogenes Gesamtbild« – so beschreibt die Mutter das Gesicht ihrer Tochter. Könnte das Waageprinzip besser ausgedrückt werden als mit diesen Worten? Ausgewogenheit und Harmonie, danach sehnt sich die Waage. Ihr ganzes Leben steht unter diesem Motto, immer wieder bemüht sie sich, Gegensätze zu überwinden.

Die genauere Betrachtung von Karinas Gesicht zeigt, wie recht die Mutter mit ihrem spontanen Eindruck hatte: Die

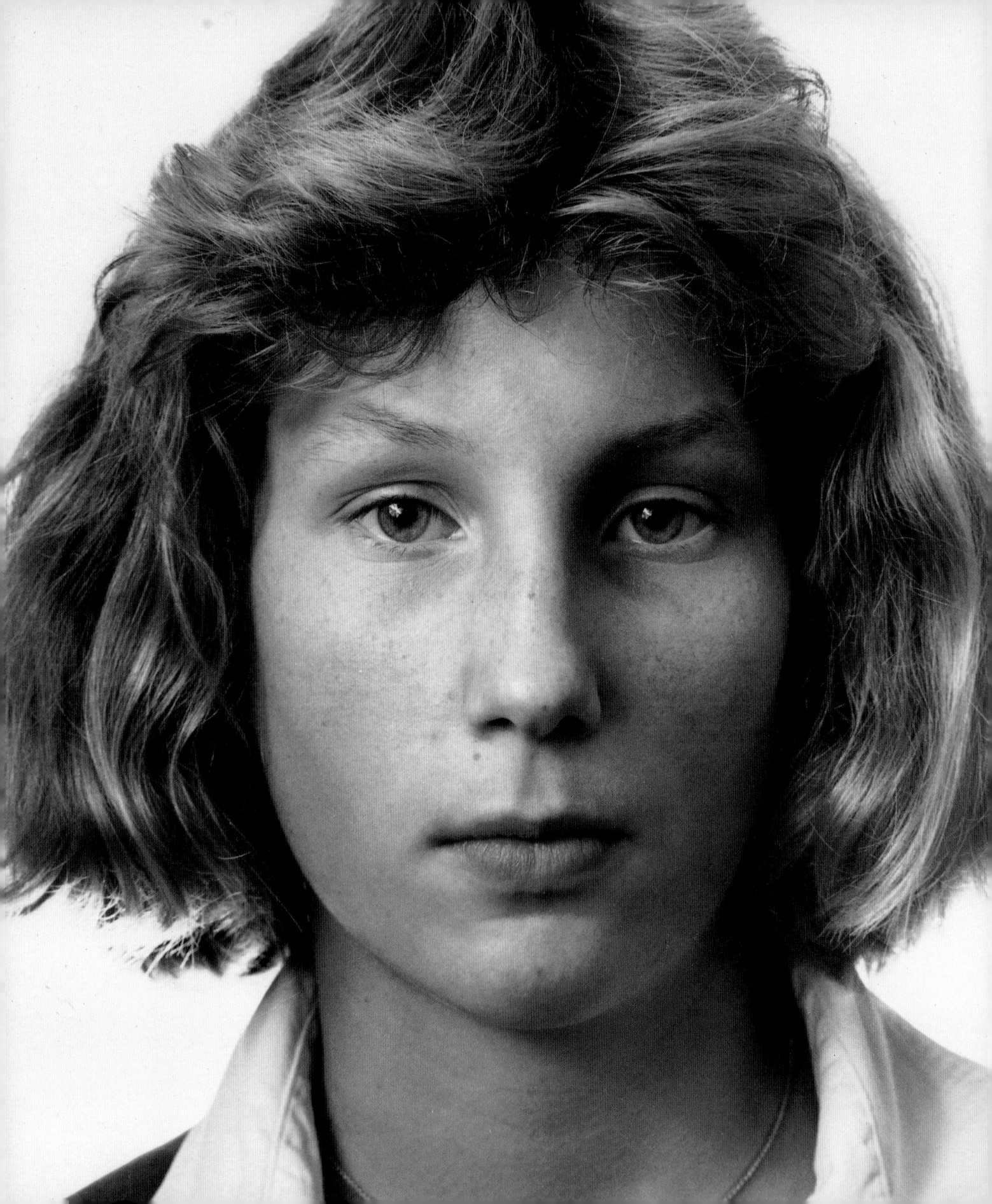

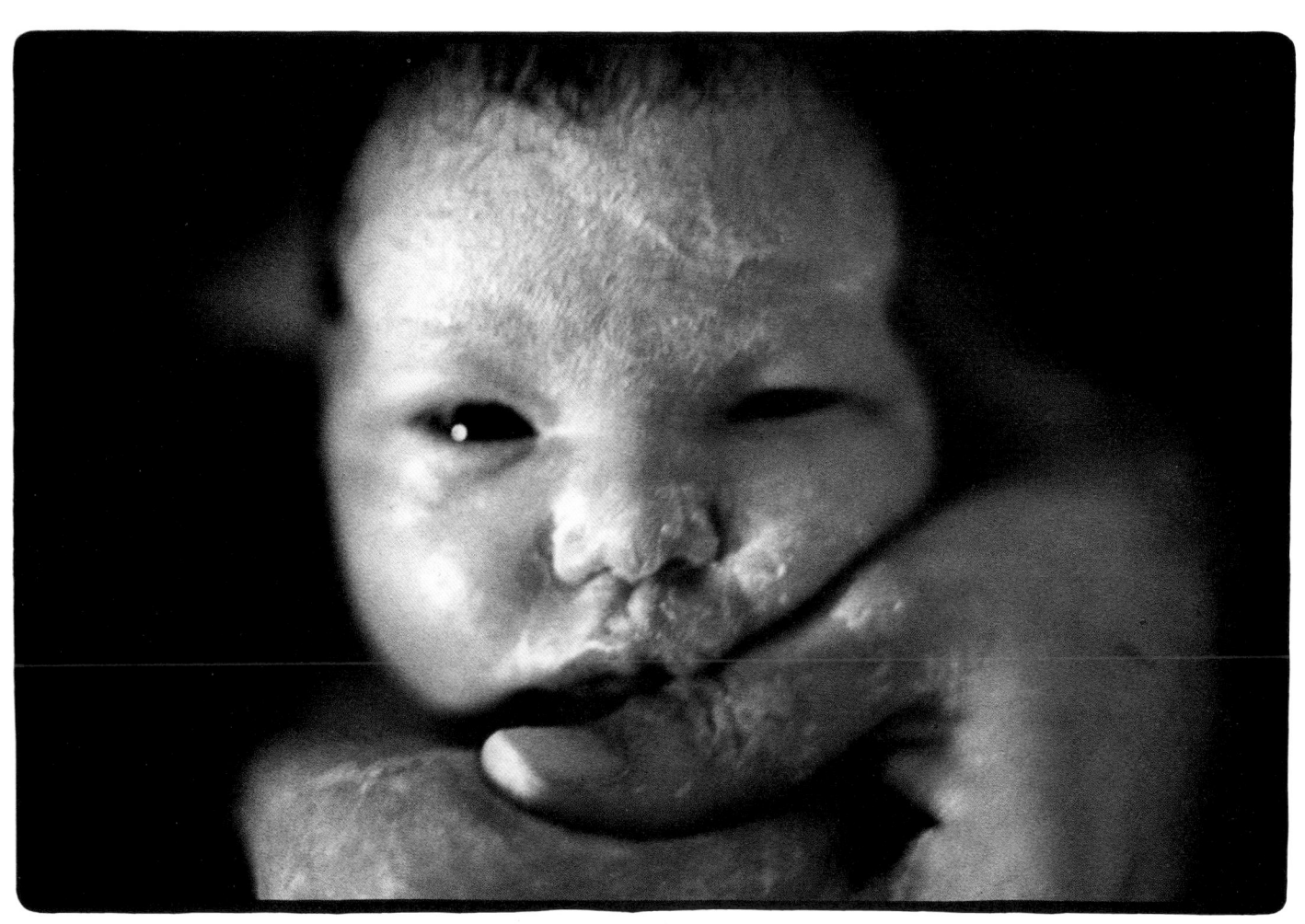

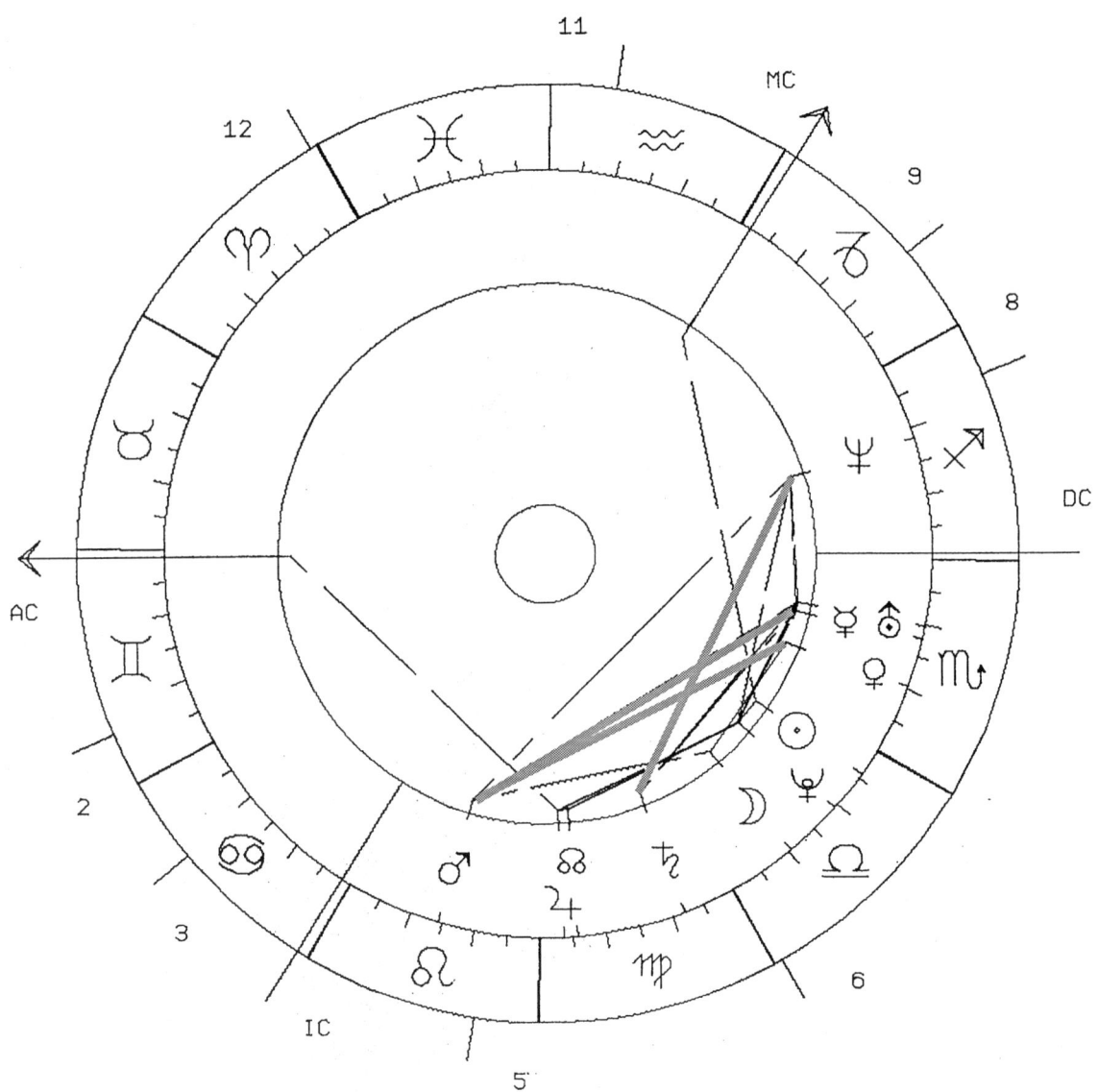

Radix

			☉	☽	☿	♀	♂	♃	♄	⚷	♆	♇	☊
☉	♎	25 45											
☽	♎	10 28											
☿	♏	17 44											
♀	♏	10 23			⚹								
♂	♌	14 17			□	□							
♃	♍	3 45					⚹						
♄	♍	21 59			⚹								
⚷	♏	19 45			☌		□		⚹				
♆	♐	18 24			⚹		△		⚹	⚹			
♇	♎	19 24	☌		⚹		∠		⚹	⚹	⚹		
☊	♍	5 46 r					☌				∠	∠	
AC	♊	0 57					□						
MC	♑	28 27	□										

Karina

19/10/1979
18h 40m
Freckenhorst, D
1hE 0m
7E 58'
51N 55'

Haeusersystem Placidus
2. ♊ 23 21   3. ♋ 10 35
11. ♒ 21 55   12. ♈ 0 58

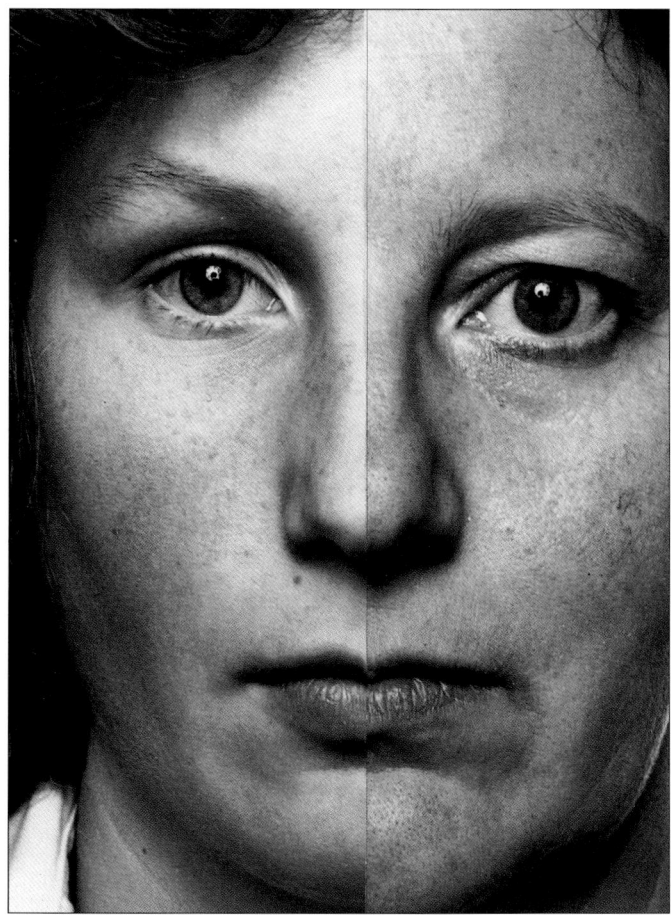

Links: Karina   Rechts: Mutter

lange, ovale Form, die lockeren, weich gewellten Haare, der schön gezeichnete Mund (die Oberlippe nicht zu dünn, die Unterlippe nicht zu dick), das schmale Kinn – nirgendwo »eckt« dieses Gesicht an. Alles wirkt harmonisch, ebenmäßig.

Im Profil fällt der fließende, offene Übergang zwischen Stirn und Nase sowie der feine, nur zart angedeutete »Höcker« auf dem Nasenrücken auf. Beides ein Hinweis darauf, daß Gedanken ohne allzugroße Widerstände in die Tat umgesetzt und Wünsche mit Willenskraft und Fleiß realisiert werden können. Das ist eine gute Gegenkraft zum starken Harmoniebedürfnis, das zu Bequemlichkeit und Passivität verführen könnte! Das feingeschnittene Kinn, die zarten, schmalen Nasenflügel und die insgesamt ruhige Ausstrahlung des Gesichts sprechen aber dafür, daß Karina sich eher mit Geschick und Diplomatie durchsetzen wird.

Auf den ersten Blick scheinen auch die Proportionen des Gesichts in einem ausgewogenen Verhältnis zu stehen. Schaut man genauer hin, wird deutlich, daß der Mittelbereich doch etwas größer, ausgeprägter ist als der Stirn- und Kinnbereich. Ein Zeichen für seelische Empfindsamkeit und ein starkes Gefühlsleben.

Die hellen Augen strahlen ruhige, fast kühle Zurückhaltung aus. Die zarten, sich zur Stirn öffnenden Brauen zeigen das ästhetische Temperament. Der Sinn für Schönheit, Ausgeglichenheit und Harmonie scheint diesem Menschen wichtiger, als sich mit den dunklen, leidenschaftlichen Aspekten des Lebens auseinanderzusetzen.

Doch was sich im Gesicht (noch) nicht ausdrückt, wird im Horoskop sichtbar. Es gibt in Karinas Wesen auch noch eine andere Dynamik. Eine Kraft, die ihr nicht erlauben wird, sich den »unschönen« Seiten ganz zu verschließen und dem Thema Leidenschaft gegenüber stets freundliche Distanz zu wahren.

LICHT UND SCHATTEN

Waage und Zwillinge – beides sind Luftzeichen. Geistige Beweglichkeit, Unabhängigkeit, Flexibilität sind die Qualitäten der »Luft« im astrologischen Sinn. Luftbetonte Menschen beeindrucken oft durch ihre Leichtigkeit (auch körperlich), ihre rasche Auffassungsgabe, ihre Heiterkeit und ihre Fähigkeit, sich auf neue Situationen einzustellen. Das

Problem, mit dem sie sich aber fast immer, vor allem in jungen Jahren, herumquälen, ist, Entscheidungen zu treffen. Der Zwilling kann sich nicht entscheiden, weil ihn gerade die Vielfalt der Lebensmöglichkeiten fasziniert; die Waage bleibt lieber unentschlossen oder läßt andere für sich entscheiden, weil sie befürchtet, andere zu kränken oder einen Interessenskonflikt heraufzubeschwören.

Eine weitere, recht typische Eigenschaft luftbetonter Menschen: Die Welt der Gedanken und Ideen ist ihnen vertrauter und angenehmer als die der Gefühle. Leidenschaft, Begehrlichkeit, Süchte, Ekstase – alles, wo der Mensch riskiert, »seinen Kopf zu verlieren«, erscheint zutiefst bedrohlich. Instinktiv schrecken sie davor zurück, flüchten sich in die Ebenen des rationalen Denkens, wo die Luft rein und klar ist.

Karina ist ein sehr luftbetonter Mensch (Aszendent im Zwilling, Sonne und Mond in der Waage). Ist für sie ein Leben ohne große seelischen Erschütterungen zu erwarten, ohne gefährliche Leidenschaften, ohne Konflikte zwischen Kopf und Bauch?

Wie sich in ihrem zarten, ebenmäßigen Gesicht auch Hinweise auf Willenskraft und Energie finden, so gibt es in ihrem Horoskop einen Fingerzeig auf eine ganz andere Seite ihres Wesens: Exakt zwischen Sonne und Mond steht der Planet Pluto. Pluto ist der Herrscher der Unterwelt und des Sternzeichens Skorpion. Das Symbol für Zerstörung alter Ordnungen, damit Neues entstehen kann; für Kampf, aus dem neue Harmonie wächst. Damit ist im Horoskop ein Lebensthema angesprochen, von dem viele unserer Märchen handeln: Um sich und die Geliebte zu erlösen, muß der Held erst den Drachen töten.

Die tiefe Sehnsucht nach Liebe und Harmonie, die das Wesen der Waage prägt, erfüllt sich erst nach einem harten Kampf. Und der Kampf heißt in diesem Fall: herabsteigen aus den luftigen Höhen des Geistes, wo sich Waage/Zwillinge am wohlsten fühlt, eintauchen in das Wasser des Skorpions, in die Welt der Leidenschaft, der Gefühle, der irrationalen Impulse. Nicht allein die starke Stellung des Pluto deutet darauf hin, sondern auch die Plazierung von Venus, Merkur und Uranus im plutonischen Skorpion.

Daß Karina durchaus die Fähigkeit hat, sich in der »gefährlichen« Welt der Gefühle zu behaupten, zeigt sich in ihrem Gesicht. In der bereits erwähnten Dominanz des Gefühlsbereichs gegenüber Denken (Stirn) und Handeln (Kinn).

Interessant erscheint mir Karinas Berufswunsch. Sie ist nicht, wie man vordergründig von einer Waage erwarten könnte, an einer modisch-ästhetischen Laufbahn oder an einer eher intellektuellen Tätigkeit (Zwillinge) interessiert. Sie will später unbedingt mit Tieren arbeiten. Am liebsten mit Pferden und Katzen, sagt sie. Das Tier ist ein Symbol für die ungezähmten Triebe. Das starke Interesse an Tieren könnte ein Hinweis darauf sein, daß Karina spürt, welchem Lebensthema sie sich stellen muß.

Mario

Mario, geboren am 31. Oktober 1976, 18.50 Uhr, in München, im Sternzeichen Skorpion, Aszendent Zwillinge

»Ich muß gleich mal sagen, daß mir mein Gesicht auf den ersten Blick gar nicht gefällt. Auf dem Foto sieht man einfach jede Feinheit und jeden kleinen Punkt. Meine Augen finde ich am besten auf dem Foto. Sie schauen irgendwie so, als wäre ich auf etwas gespannt. Als denke ich über etwas nach. Meinen Mund finde ich eigentlich auch sehr faszinierend. Der rechte Mundwinkel, wie er leicht nach oben geht, und die Oberlippe, die eher wie ein Schatten aussieht.
Ich denke, daß ich ein sehr kreativer Mensch bin, was meine künstlerische Ader, aber vor allem was das Denken angeht. Ich bin jemand, der viel nachdenkt, über die Welt, die Dinge, die darin vorgehen, aber auch über mein Privatleben ... Ich liebe es, wenn man sich verständigen kann, ohne zu sprechen. Ich interessiere mich einfach stark für die psychologischen Schwankungen, die im Menschen so ihre Runde machen ... aber auch bei Tieren finde ich es sehr faszinierend, wie sie sich verstehen können.«
(Mario, 17 Jahre)

»Als Mario sein Foto sah, hat er einen Schock bekommen. Er sagte nur: ›Das darf doch nicht wahr sein, das ist ja der Hammer.‹ Dann rannte er ins Badezimmer, betrachtete sein Gesicht im Spiegel und schminkte sich ...« (Mutter)

Das süsse Lächeln

Bereits das Gesicht des nur einen Tag alten Neugeborenen besticht durch den süß lächelnden Mund. Und dieses Lächeln dominiert noch das Gesicht des Siebzehnjährigen. Es ist, als hätte sich der Mund an das pfiffige Lächeln gewöhnt, könnte gar nicht mehr anders aussehen – auch wenn Mario einmal nicht zum Lächeln zumute ist. Eine ähnliche Mundstellung ist im Gesicht von Marios Mutter zu erkennen. Für mich drückt sich in diesem charmanten Lächeln die Konjunktion der Planeten Venus und Neptun aus, die sowohl im Horoskop der Mutter als auch in Marios Geburtshoroskop zu sehen ist. Menschen mit einer solchen Konstellation sind oft künstlerisch veranlagt. Es fällt ihnen besonders schwer, »böse« zu sein. Oft entwickeln sie eine verträumte, romantische Vorstellung von Liebe. Mario selbst sagt dazu: »In Beziehungen, Freundschaft und Liebe bin ich sehr sensibel. Ich liebe es, wenn man sich verständigen kann, ohne zu sprechen ...«
Im Gesicht des zehnjährigen Mario fiel mir vor allem der »Gleichklang« von Augen und Mund auf: Beide strahlten Wärme aus. Ein lieber, lebhafter Junge – die leichten, lockigen Haare paßten gut zu seinem Gesicht. Sieben Jahre später hat sich der Kopf gefestigt und gestreckt. Die Augen wirken kleiner, aber immer noch schalkhaft und pfiffig. Schmale Augen, die mehr betrachten und beobachten, als den Blick des Gegenübers in sich eindringen zu lassen. Mario erlebt sich selbst als Beobachter seiner Mitmenschen. Ihn interessiert, was in den Köpfen anderer vorgeht.

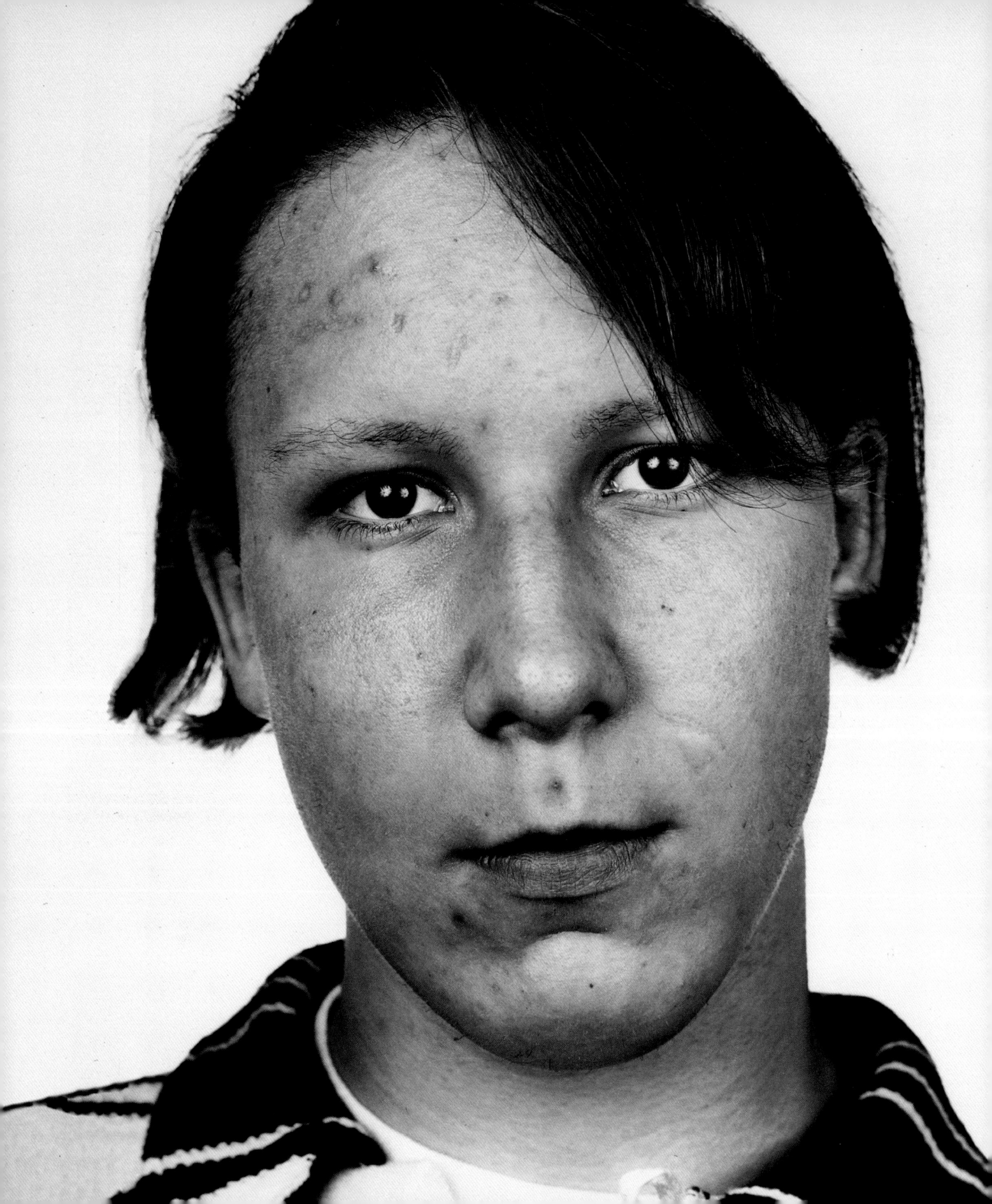

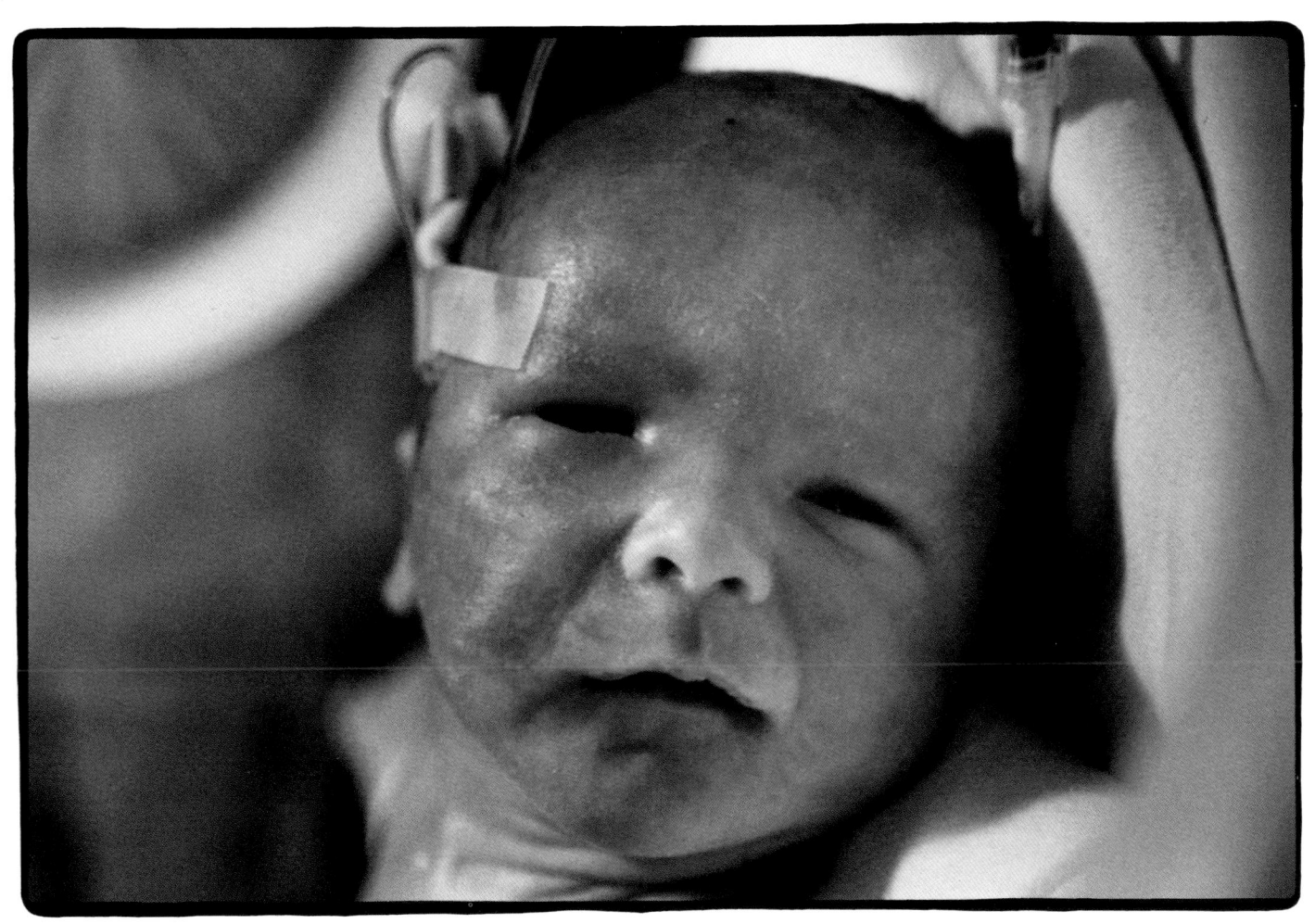

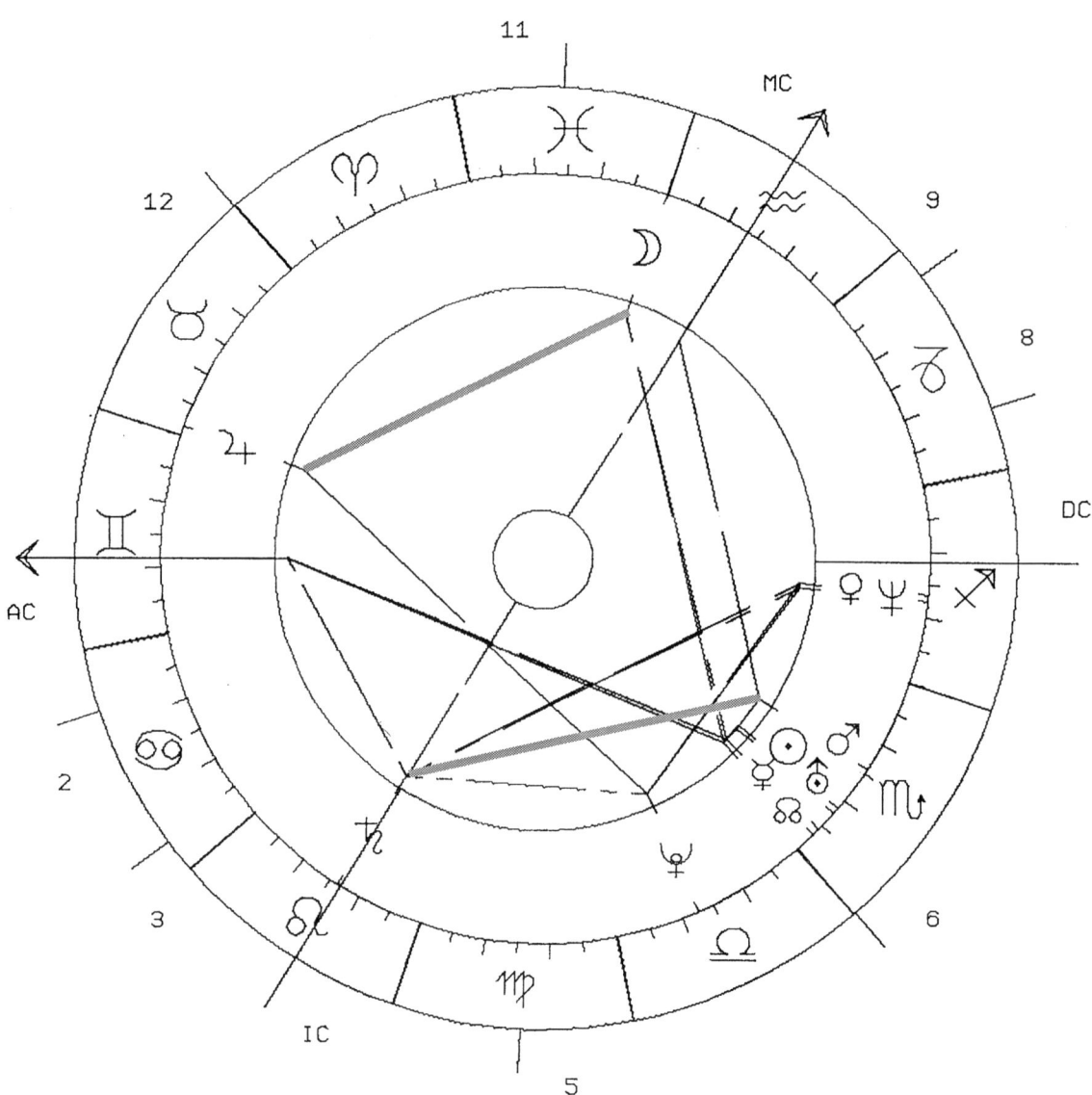

☉	♏	8 27	☉									
☽	♒	29 58		☽								
☿	♏	4 14	☌	△	☿							
♀	♐	13 25				♀						
♂	♏	15 44	☌				♂					
♃	♉	28 26 r			□			♃				
♄	♌	16 12			△	□			♄			
⚷	♏	7 33	☌		☌					⚷		
♆	♐	12 26				☌		△			♆	
♇	♎	12 38				✱		⚼	✱		✱	♇
☊	♏	3 8 r	☌	△	☌								☊
AC	♊	18 24				⚼				✱			⚼
MC	♒	16 46						□				☍

Mario

31/10/1976
18h 50m
Muenchen, D
1hE 0m
11E 34'
48N 8'

Haeusersystem Placidus
2. ♋ 7 37   3. ♋ 25 42
11. ♓ 16 3   12. ♉ 0 3

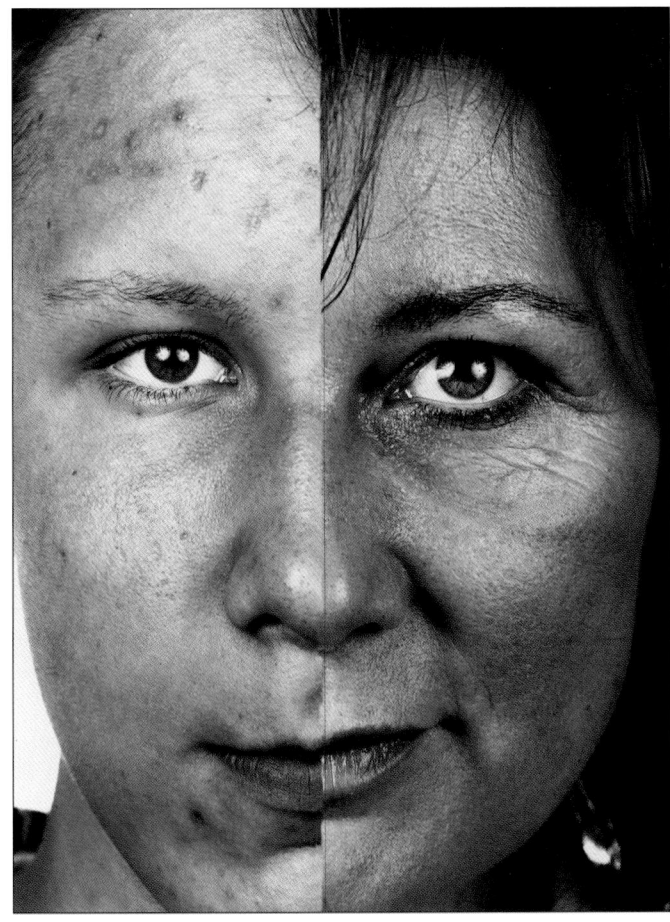

Links: Mario   Rechts: Mutter

Sollte ich dieses Gesicht spontan einem Sternzeichen zuordnen, würde ich eher auf den intellektuellen Zwilling (Marios Aszendent) als auf den gefühlsbetonten Skorpion (sein Sternzeichen) tippen. Für den Zwilling sprechen das länglich gestreckte Gesicht, die schmalen Augenbrauen und vor allem der kleine Höcker auf der Mitte des Nasenrückens – ein Zeichen für den typischen lebhaften Tätigkeitsdrang der Zwillinge.

MARIO, DER DENKER

Bei Marios Horoskop fällt die starke Skorpionbetonung auf: Sonne und drei Planeten (Merkur, Mars, Uranus) stehen in diesem Zeichen. Doch Mario lebt stärker seinen Zwilling-Aszendenten als die leidenschaftliche Gefühlsseite des Skorpion. Bezeichnenderweise wird er auch von seinen Freunden »der Denker« genannt. Auch er selbst empfindet sich häufig als ungewöhnlich nachdenklich für sein Alter.

Der starke Bezug zum intellektuellen Zwilling in seinem Wesen könnte ein positiver Teil des Familienschicksals sein: Die Mutter ist Zwilling, der Vater hat einen Zwilling-Aszendenten. Es ist, als könne der Sohn von den Erfahrungen der Eltern profitieren, sie gleichsam im eigenen Leben fortführen.

Deutlich verändert haben sich die Haare: sie sind strenger, fester als beim zehnjährigen Jungen. Ein Ausdruck dafür, daß Mario an (seelischem) Boden gewonnen hat. Auch das fester gewordene Kinn zeigt, daß Energie und Tatkraft jetzt eine größere Rolle spielen. Die linke Stirn, die Gefühlsseite des Gesichts, ist mit Haaren bedeckt, die rechte, rationale erscheint daher größer. Als wolle Mario der Umwelt signalisieren: Meine Gedanken sollen frei von Gefühlen, sollen objektiv bleiben.

Doch abgeschnitten von der Skorpionthematik ist Mario keineswegs. Sein Wissensdurst richtet sich vor allem auf psychologische Dinge. Er ist der geborene Seelenforscher, seelisch-geistige Dinge (»psychologische Schwankungen«, wie er es nennt) interessieren ihn mehr als die stoffliche Welt. Er benutzt seine Zwillingsgaben, um sich ein typisches Bedürfnis der Skorpionnatur zu erfüllen: hinter die Dinge zu schauen, die geheimnisvolle Welt der Psyche und des Unbewußten zu entdecken.

Interessant an seinem Horoskop erscheint mir noch besonders die enge Verbindung von Sonne und Uranus. Uranus ist das Symbol für Unruhe, Durcheinander, plötzliche Ereignisse. Die Nähe zur Sonne, Symbol für den Wesenskern des Menschen, signalisiert, daß im Leben des Betreffenden ungewöhnliche Wendungen geschehen, die Dinge häufig nicht nach Plan verlaufen. So begann Marios Leben schon »außerplanmäßig«. Er wurde zwei Monate vor dem eigentlichen Termin geboren, mußte in den Brutkasten, wurde nicht gestillt.

Was er in den ersten Wochen in der Klinik vielleicht vermißte, hat sich Mario später energisch geholt. Seine Mutter: »Mario war einfach nicht sattzukriegen. Alles, was er in die Hände bekam, stopfte er in den Mund.« Dick ist er trotzdem nicht – wie viele zwillingsbetonte Menschen wirkt er eher schmal und feingliedrig.

Ein Thema, das stark in Marios Geburtshoroskop angesprochen, aber noch nicht von ihm gelebt wird, ist die Aggression (Sonne/Mars-Konjunktion mit einem Quadrat mit Saturn). Die Planetenkonstellation spricht dafür, daß Mario viel Wut und Aggression verspürt, diese aber schwer nach außen bringen kann, sie eher nach innen lebt oder ganz verdrängt. Er selbst sagt zum Thema Konflikt und Kampf: »Ich halte mich zurück.« Die Mutter: »Er hat nie gerauft. Ich glaube, Mario hat gar keine Aggressionen.«

So sanft und scheinbar aggressionslos wird Mario nicht bleiben. Wie wird er später mit seinen Kräften umgehen, wie und wohin kann er seine Aggression kanalisieren? Noch scheint die verbindende, harmonisierende Kraft von Venus-Neptun (die ihm sein charmantes Lächeln schenkt) wenig Raum für Wut und Zorn zu lassen.

Kai

Kai, geboren am 11. November 1979, 13.14 Uhr, in Stuttgart, im Sternzeichen Skorpion, Aszendent Wassermann

»Meine Augen schauen immer so, als ob sie durch einen hindurchschauen. Mein Mund sieht aus, als ob man ihn in Plastik versetzt hätte, regungslos. Mein Aussehen gefällt mir, abgesehen von den Pfunden, die ich gerade zuviel habe, und den Pickeln, sehr gut. Ich hoffe, das hört sich nicht zu eingebildet an. Ich empfinde mich als jemand, den man nicht so leicht durchschauen kann. An meinen Eigenschaften gefällt mir mein Sinn für materielle Güter. Meine schlimmsten Seiten sind zuviel Toleranz und zuviel Jähzorn. Wenn ich etwas an mir ändern könnte, dann wünschte ich mir für mich selbst mehr Intellekt.«
(Kai, 15 Jahre)

SCHWIERIGES BABY

Es sollte eine schöne, sanfte Geburt werden, alles war dafür vorbereitet: gedämpftes Licht, keine schweren Betäubungsmittel; die Mutter war entspannt, und auch im Geburtszimmer herrschte eine angenehm ruhige Atmosphäre. Mein Auftrag war, den »ersten Blick« des Neugeborenen zu fotografieren. Die Geburt selbst erschien mir alles andere als sanft. Und als Kai geboren war, lag er erst mal völlig erschöpft auf dem Bauch der Mutter. Nur ein paar leise Seufzer, der erste Schrei ließ fast fünf Minuten auf sich warten. Sofort nach dem Durchtrennen der Nabelschnur wurde das Baby an die Brust gelegt. Aber während ich bei vielen Neugeborenen ein gieriges, begeistertes Saugen erlebte, war es bei Kai anders. Er wollte nicht. Immer wieder bot die Mutter ihm die Brust an, aber er drehte sich weg. »Auch später klappte es nicht so recht«, erinnert sich Kais Mutter. »Der Streß in der Klinik war wohl einfach zu groß. Ich habe dann rasch damit aufgehört, es aber hinterher bedauert, so ruckzuck abgestillt zu haben.«

Die Mutter oder das Baby – wer wollte da nicht? Ich denke, das Baby wollte nicht und die Mutter reagierte nur darauf. (Milch)Nahrung war noch viele Monate ein Problem für Kai. Er entwickelte sich zu einem ausgesprochenen Schreikind, weinte manchmal stundenlang *nach* den Mahlzeiten.

In Kais Geburtshoroskop steht der Mond unter starker Spannung (er bekommt ein Quadrat von Sonne und Uranus und ist in Konjunktion zu Mars). Der Mond entspricht nach astrologischem Verständnis unter anderem der Kindheit, der Mutter-Beziehung, und auf der körperlichen Ebene dem Magen. Milch ist das »mütterlichste« aller Nahrungsmittel. Bei vielen Menschen mit einer Mond-Uranus-Spannung im Geburtshoroskop fand ich – wie bei Kai – Stillprobleme. Entweder sie wurden gar nicht gestillt oder sehr früh entwöhnt. (Oft entdeckte ich auch im Horoskop der Mutter das Mond-Uranus-Thema.) Aus dieser Erfahrung entwickeln Kinder häufig lebenslang eine sehr spezielle Beziehung zur Milch: entweder Ekel und heftige Ablehnung oder im Gegenteil eine auffällige Gier nach Milchprodukten.

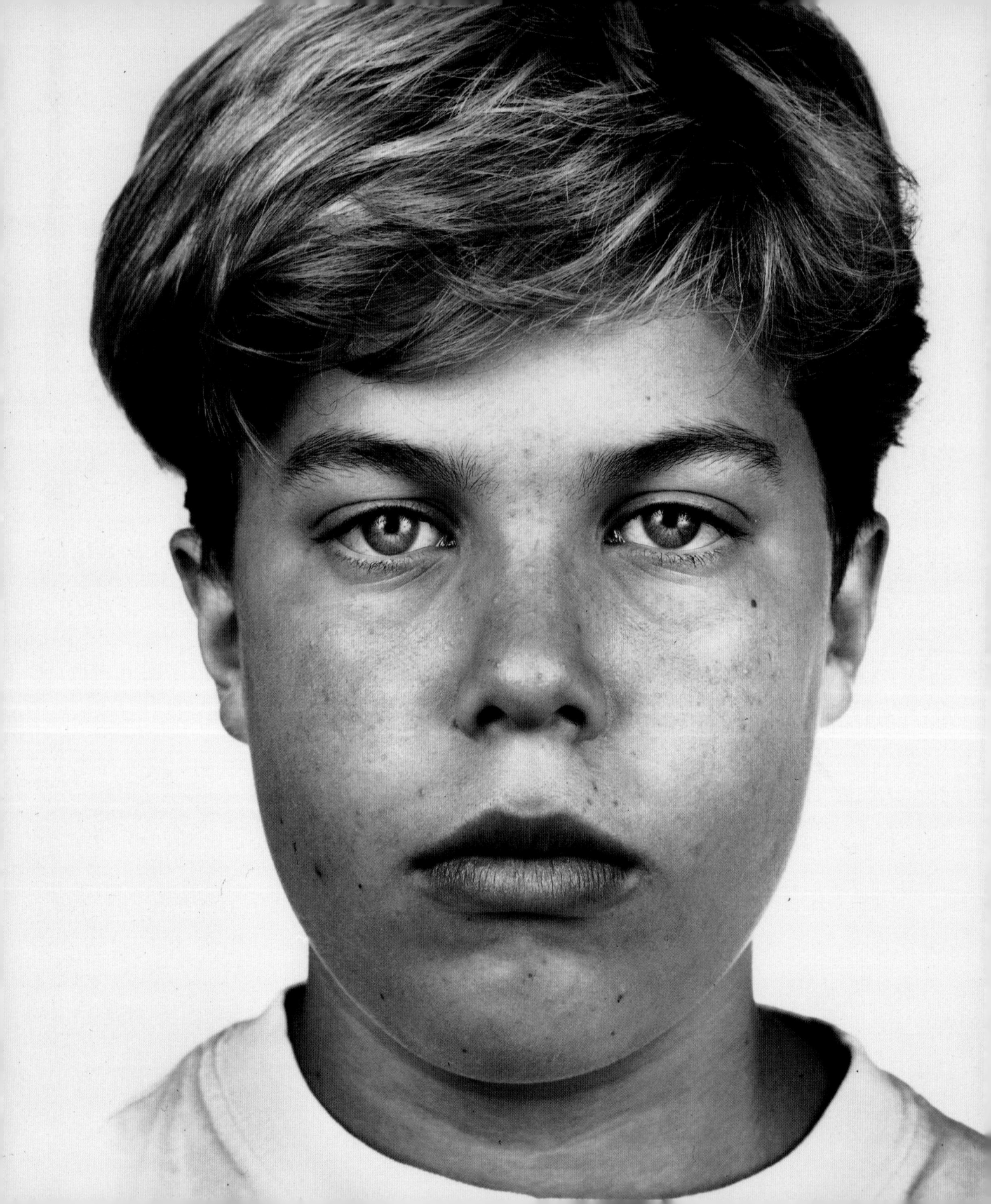

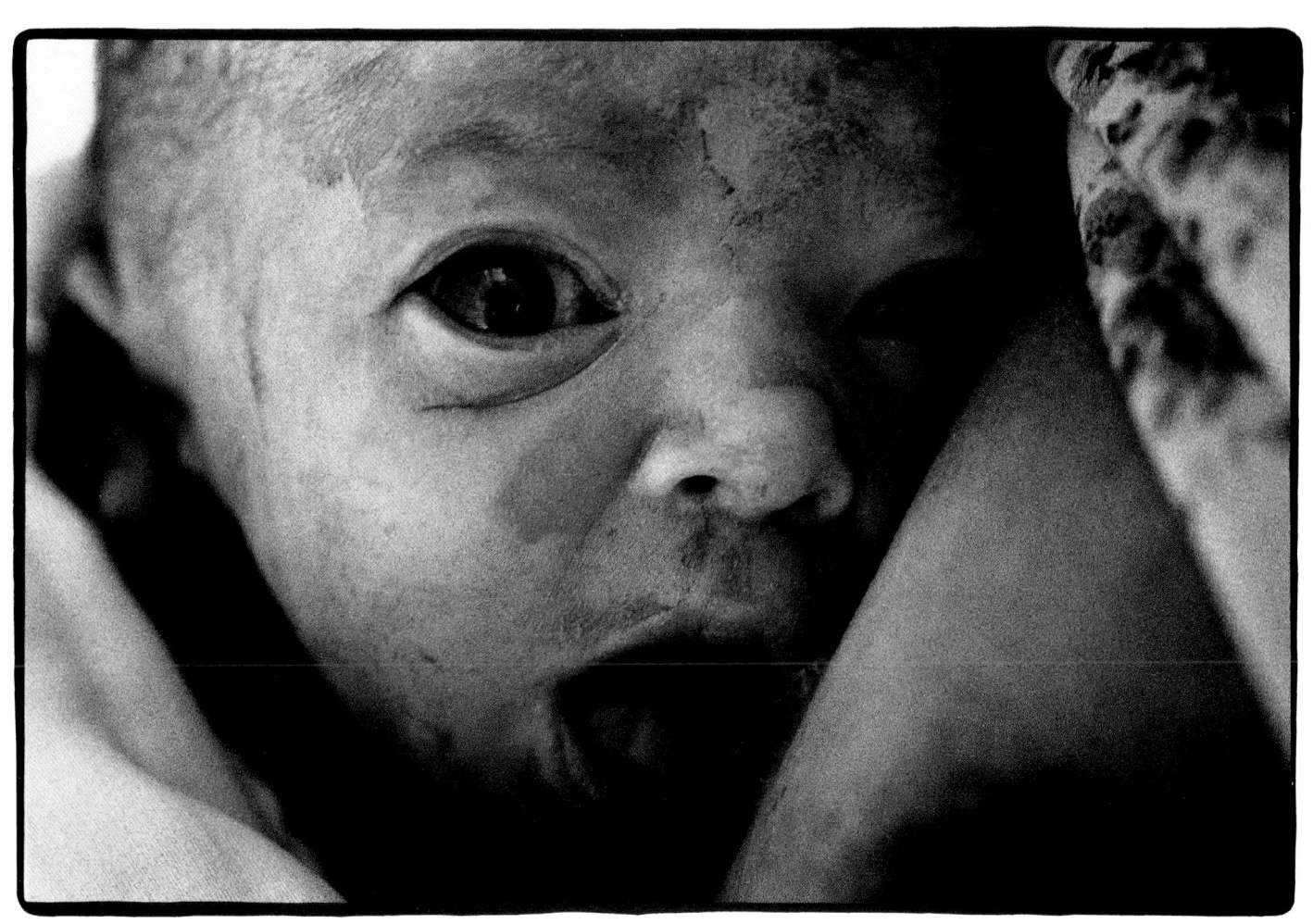

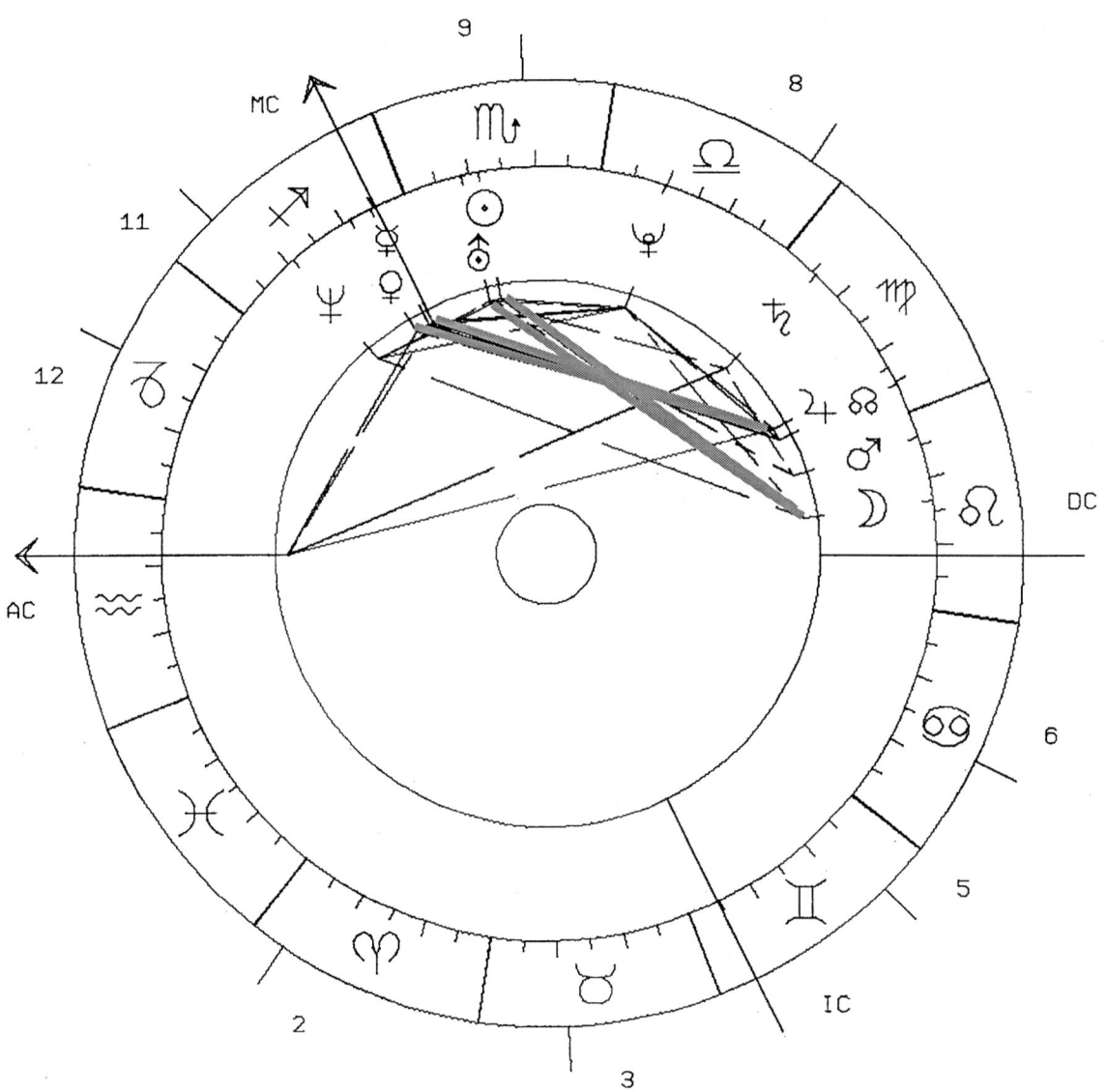

Radix

			☉									
☉	♏	18 31	☉									
☽	♌	16 35	□	☽								
☿	♐	5 32 r			☿							
♀	♐	8 45			☌	♀						
♂	♌	26 5					♂					
♃	♍	7 10			□	□		♃				
♄	♍	24 18					⚹		♄			
⚷	♏	21 8	☌	□		□		⚹		⚷		
♆	♐	19 5		⚹	☌	△			⚹		♆	
♇	♎	20 16	⚹	⚹	∠			∠	⚹	⚹		♇
☊	♍	4 34 r			□		☌				∠	☊
AC	♒	8 17			⚹	⚹		⚻	⚼			
MC	♐	4 41			☌			□			∠	□

Kai

11/11/1979
13h 14m
Stuttgart, D
1hE 0m
9E 11'
48N 46'

Haeusersystem Placidus
 2. ♈ 4 26   3. ♉ 11 10
11. ♐ 23 30 12. ♑ 12 29

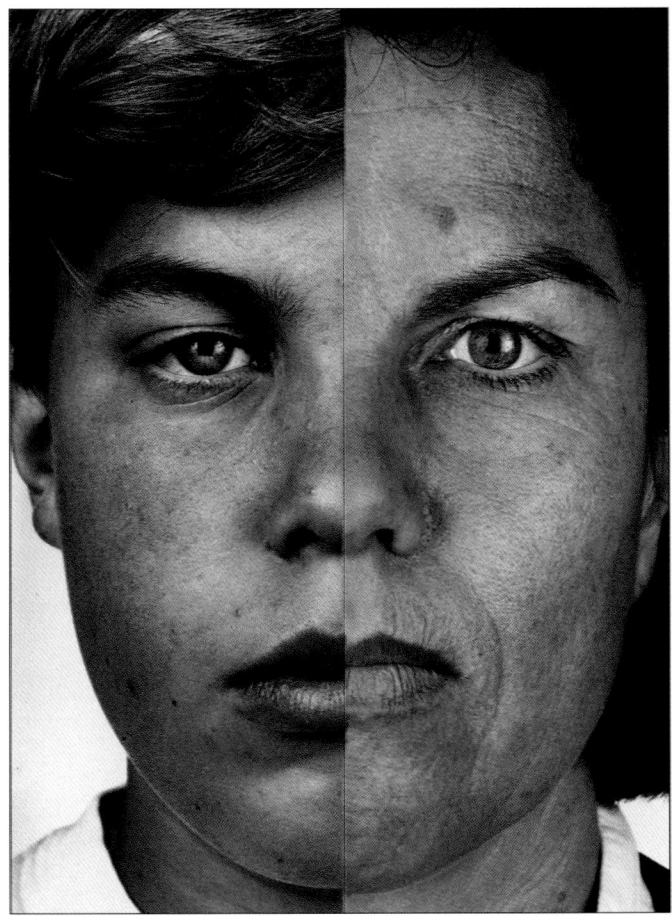

Links: Kai   Rechts: Mutter

Geballte Kraft

Geballte Kraft – das ist mein erster Eindruck von Kais Gesicht. Es erinnert mich an eine sprungbereite kleine Raubkatze: angelegte Ohren, straffe, gespannte Nasenflügel, kräftiges Kinn. Auffällig sind die alles andere als »unschuldig« wirkenden Augen. Der Blick ist spähend, zielgerichtet, fast lauernd. »Meine Augen sehen aus, als ob sie durch einen hindurchschauen.« Die Form der Augen ist nicht offen und weit, sondern schmal. Die dichten, über der Nase beginnenden Brauen verstärken den Eindruck, daß der Blick ganz von innen kommt. So schaut ein Mensch, der eine Gefahr, einen Gegner abschätzt und bereit ist, blitzschnell zu reagieren. Es ist die Ruhe vor dem Angriff.

Der volle Mund läßt an einen Genießer und Sinnesmenschen denken. Dabei zeigt die Unterlippe mehr die Freude an kulinarischen Genüßen, die Oberlippe den anspruchsvollen Zug in Kais Wesen – nur das Beste ist gut genug.

Ein interessantes Gesicht, das durch seinen starken Willen beeindruckt. Es erscheint so wenig offen und einladend, daß Kais Mutter spontan sagte: »Ich hoffe, die anderen Fotos von ihm sind freundlicher. Er wirkt hier so ernst und verschlossen, fast trotzig, um ja keine Gefühlsregung zu zeigen. So schwer zugänglich ist er manchmal – Gott sei Dank nicht immer. Wenn er will, kann er unheimlich charmant und hilfsbereit sein.«

Überraschende Ansicht

Als ich Kais Porträt halbierte und aus den zwei rechten und den zwei linken Gesichtshälften ein neues Gesicht zusammenstellte, war ich überrascht. Vieles, was so verschlossen, trotzig, ja fast gefährlich wirkt, ist in Kais linker Seite enthalten und drückt sich im »Links«-Gesicht aus. Das »Rechts«-Gesicht ist offener, weicher, auch ernst, aber nicht trotzig. Rechts und links, Sonne und Mond, stehen in Kais Geburtshoroskop in einem Quadrat, also im Spannungsaspekt zueinander.

Die linke, die Mondseite, lebt Kai, wie alle Kinder, jetzt noch mehr aus als die erwachsene Sonnenseite. Aber sie ist auch jene, die laut Geburtshoroskop besonders angespannt und belastet ist. Nicht nur Uranus und Sonne, auch der kämpferische Aggressionsplanet Mars setzt den Mond unter Druck. Uranus im Kontakt zum Mond drückt sich im bereits erwähnten Problem der Milchverweigerung aus, macht es für den betreffenden Menschen jedoch schwer, Gefühle zuzulassen und zu zeigen. Manchmal führt das regelrecht zu Gefühlskälte. Dieser Aspekt ist nicht leicht zu leben.

Die rechte, die Sonnenseite des Gesichts wirkt sympathischer, offener. In Kais Geburtshoroskop steht die Sonne in Konjunktion mit Uranus. Die Energien von Sonne und Uranus vermischen sich also. Kai ist ein stark »uranisch« geprägter Mensch, umso mehr, als auch sein Aszendent (Wassermann) dem Uranus-Prinzip entspricht. Uranisch – was heißt das?

Zum Uranus gehören Begriffe wie Exzentrik (bereits als Neugeborener verhielt sich Kai »exzentrisch«: er wollte weder trinken noch schreien), Kreativität, Ideenreichtum, Originalität und Abwendung von der materiellen zugunsten der spirituellen Welt. (Ein Thema, das durch die Skorpion-Sonne bekräftigt wird.)

Kein einfaches Horoskop. Es wird nicht leicht sein, die darin angesprochenen, unterschiedlichen Themen zu lösen.

Kai bezeichnet seinen starken Materialismus als eine seiner besten Eigenschaften, die Mutter dagegen sieht darin einen unangenehmen Wesenszug. Vermutlich ist Kais »Sinn für materielle Güter« jetzt noch eine unbewußte Reaktion. Als wolle er vermeiden, was das Leben eigentlich von ihm erwartet. Verweigerung – das war ja auch eine seiner ersten Lebensäußerungen, als er die Brust der Mutter nicht annehmen wollte.

Es wird für ihn darum gehen, sich seiner eigentlichen Bestimmung, der Lösung von Materiellem und Hinwendung zu geistigen Interessen und Zielen, irgendwann nicht mehr zu verweigern. Vielleicht sind seine gelegentlichen Wutausbrüche (es macht ihm manchmal Spaß, »sinnlos« Spielsachen zu zerstören) erste hilflose und von marsischer Aggression geprägte Versuche, sich von materiellem Besitz zu befreien. Doch der Weg geht nicht über Zerstörung, sondern über Integration.

Auch in Kais Familie fand ich wieder auffällige astrologische Gemeinsamkeiten: Der Vater hat die Sonne im Löwen, dort wo Kais Mond steht. Mit der Mutter verbindet ihn der gleiche Aszendent (Wassermann).

ANTONIA

Antonia, geboren am 30. Oktober 1978, 9.55 Uhr, in München, im Sternzeichen Skorpion, Aszendent Schütze

»Ich finde, ich sehe aus, als ob ich mit mir nicht zufrieden wäre. Mein Gesicht ist irgendwie verzerrt. Die linke Seite sieht ganz anders aus als die rechte. Meine Augen finde ich eigentlich ganz schön, aber das linke ist kleiner als das rechte, und mein Mund ist auch zu klein. Ich hätte lieber einen größeren. Meine Nase paßt eigentlich ganz gut in mein Gesicht. Trotzdem finde ich, daß ich irgendwie böse schaue, als ob mir nichts passen würde.

Überhaupt bin ich mit mir nicht zufrieden, so insgesamt nicht. Ich kann nicht so sein, wie ich eigentlich bin. Ich verstecke mich viel zu oft. Meine Persönlichkeit würde ich gerne finden, meinen eigenen Charakter, nicht so verstellt sein. Ich verhalte mich oft arrogant und gemein, obwohl ich das nicht sein will, das meine ich mit nicht *Ich* sein.

Aber ich habe auch ein paar gute Seiten, ich kann auch sehr liebevoll und hilfsbereit sein. Ich kümmere mich um andere Leute, wenn sie Probleme haben. Das ist dann die bessere Seite, sie steht jedoch im Schatten der schlechteren. Ich verdränge eben mein eigenes Ich. Vielleicht bin ich nicht selbstbewußt genug, das Gute von mir in den Vordergrund zu stellen. Denn dann müßte ich ja auch meine verletzlichen Seiten zeigen, und davor habe ich zuviel Angst. Diese Angst sieht man in meinem Blick.«
(Antonia, 15 Jahre)

SCHÖNES WUNSCHKIND

Für Antonias Mutter war die Geburt der Tochter »das wichtigste Ereignis meines Lebens«. Schon die Schwangerschaft erlebte sie als wunderschön: »Neun Monate lang beschäftigte ich mich ständig mit dem Kind in mir, hörte viel klassische Musik, war voller Neugier und Freude auf das, was auf mich zukam.«

Die Geburt selbst war jedoch nicht ganz einfach. Zehn Tage nach dem errechneten Termin mußten die Wehen eingeleitet werden, das Baby wurde mit der Saugglocke geholt.

»Aber ich habe trotzdem keine negativen Erinnerungen, keine negativen Gefühle. Überhaupt nicht. Die Stimmung im Kreißsaal war eher heiter. Und dann – die Antonia, sie war genau so, wie ich sie mir vorgestellt hatte, diese großen Augen. Und wie sie geschaut hat. Ich fand sie wunderschön, obwohl sie doch eigentlich häßlich und verschrumpelt war. Das muß man einfach erleben, diese Empfindungen kann man nicht beschreiben.«

Ein Musterbaby, erinnert sich die Mutter heute. Antonia schlief bald durch, weinte nie in der Nacht. Dafür ist sie jetzt ganz anders. »Jetzt ist sie voll Power und Aggression, gegen mich und gegen meinen Mann. Aber das muß wohl so sein, damit sie sich lösen kann. Ich glaube, Antonia und mein Mann beschimpfen sich deshalb so viel, weil sie sich so ähnlich sind, sie haben unheimlich viel gemeinsam.«

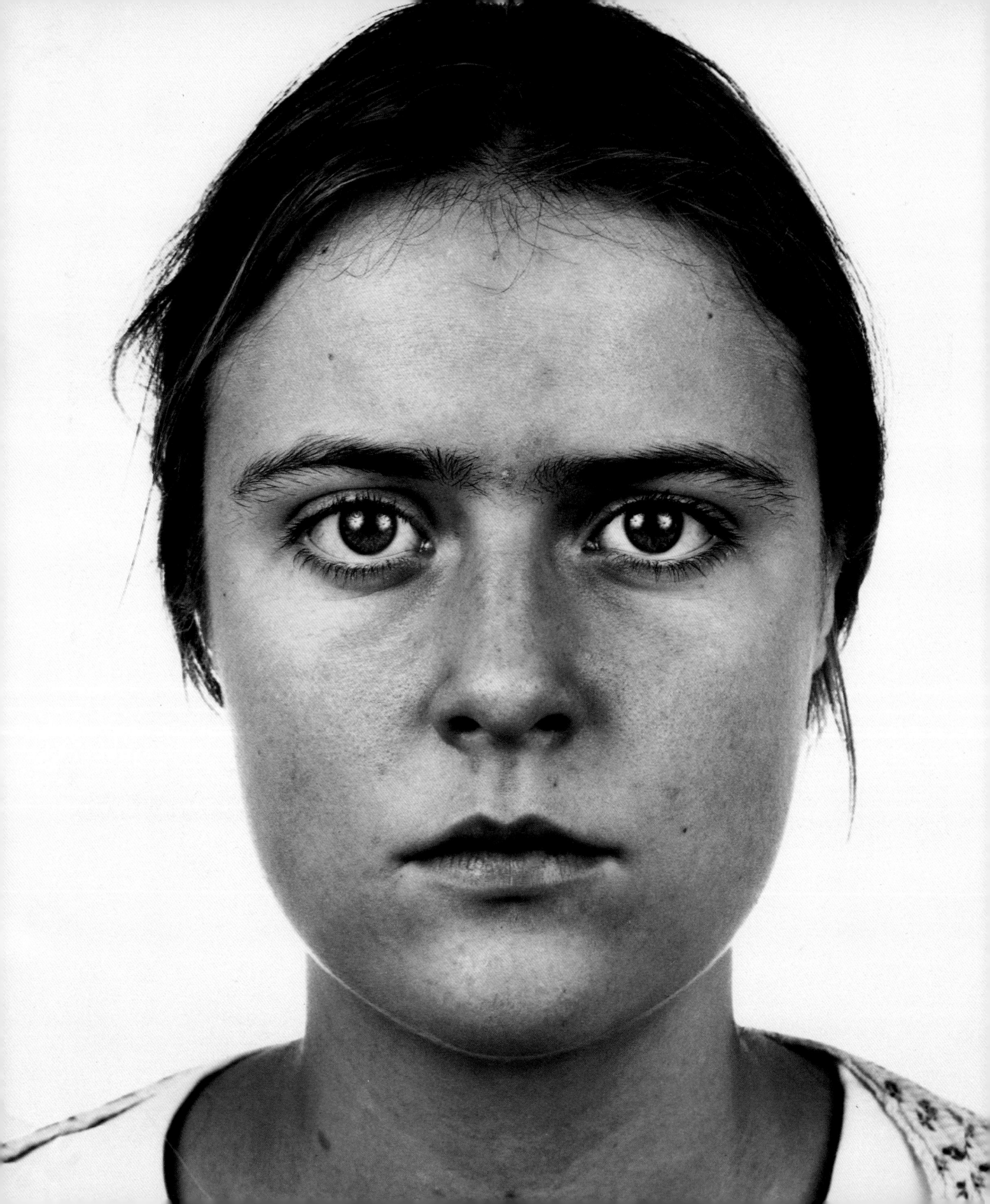

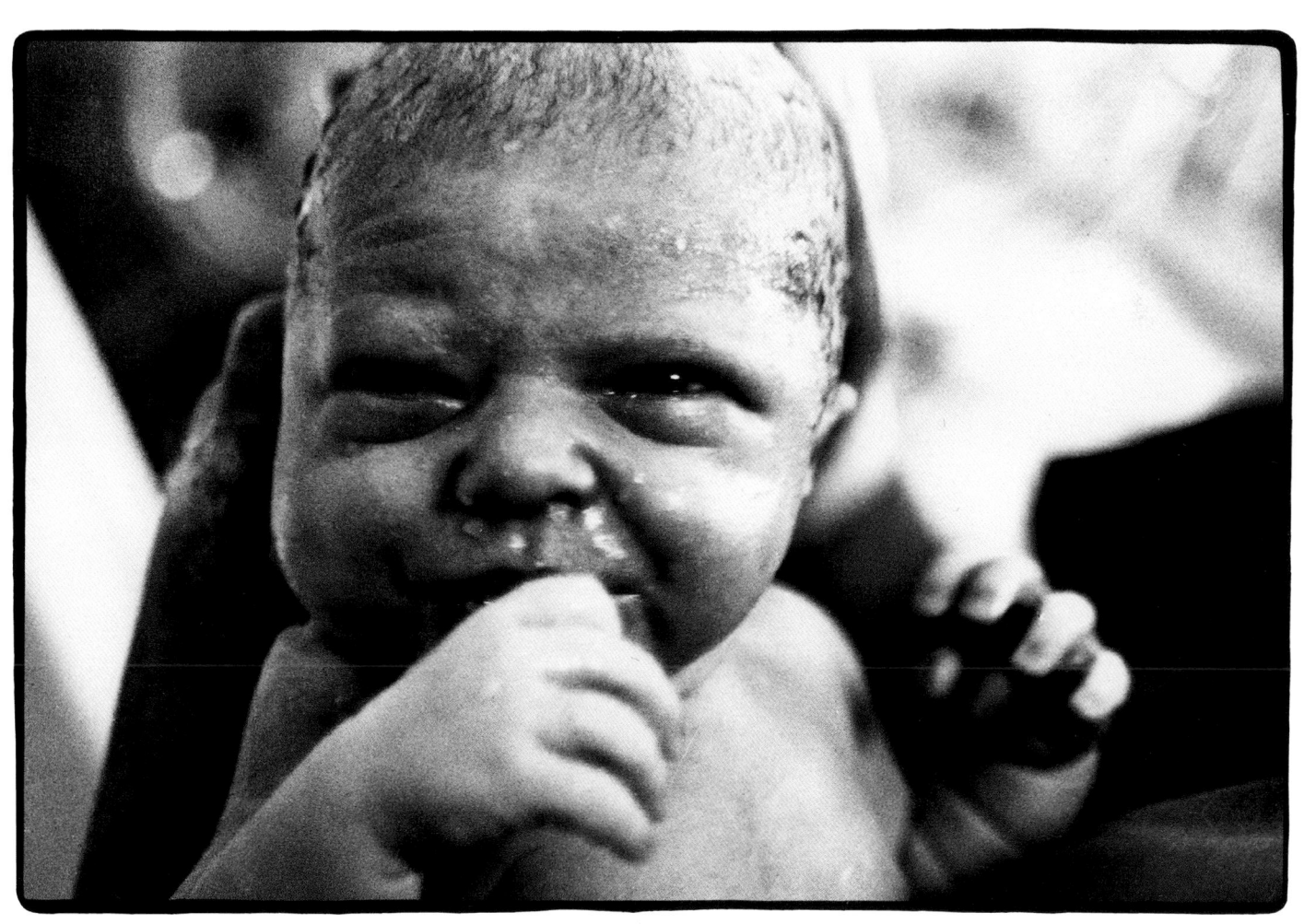

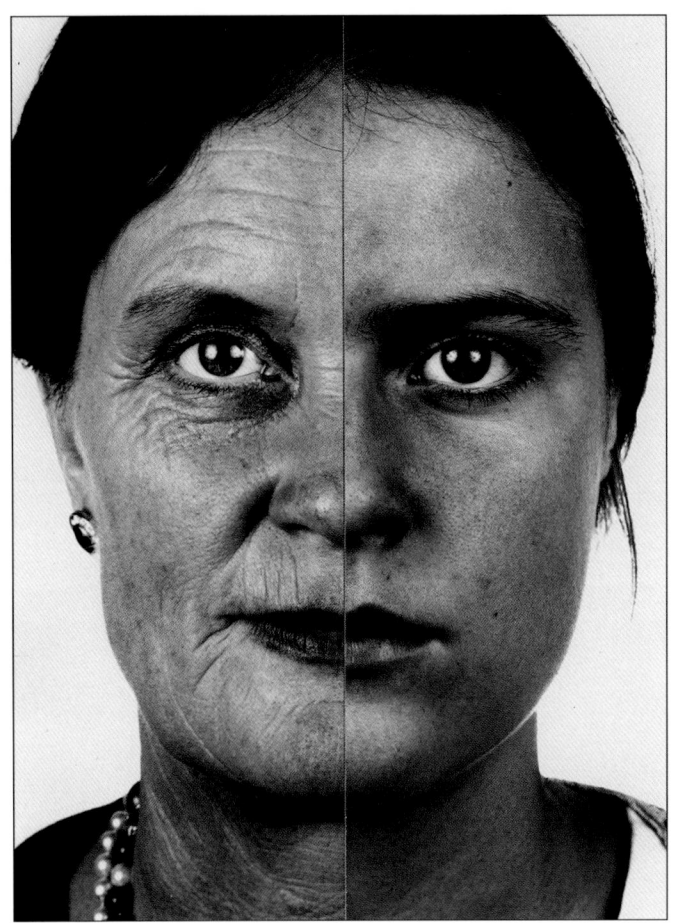 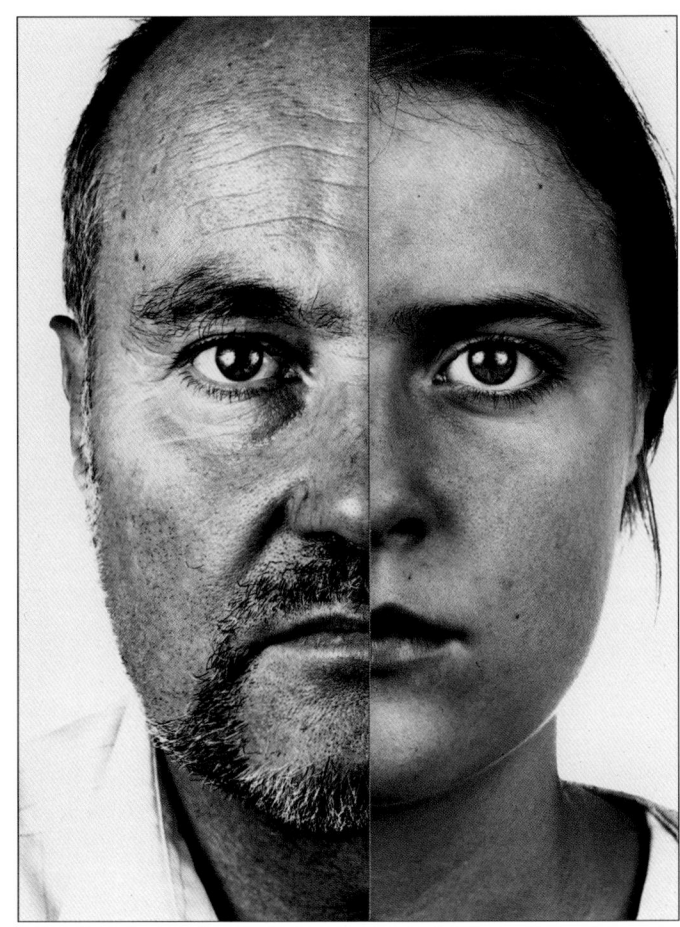

Magische Augen

Die rundliche, leicht ovale Kopfform Antonias, der starke Ausdruck des Mittelgesichts – das spricht für einen Gefühlsmenschen. Die Haare, Ausdruck der unbewußten Triebnatur, sind geordnet, liegen fest am Kopf, als sollten leidenschaftliche Gefühle unter Kontrolle gehalten werden. Das zeigen auch die vollen, dicht über den Augen liegenden Brauen. Wie eine Schranke trennen sie den Denkbereich (Stirn) vom Empfindungsbereich. Sie reichen bis zum Nasenrücken – ein Zeichen dafür, daß Denken und Fühlen eng miteinander verwoben sind. Die kräftigen Nasenflügel wirken energisch gespannt. Sie stecken voll geballter Energie, vermitteln den Eindruck, daß diese Energie jeden Moment ausbrechen könnte.

Das stärkste in Antonias Gesicht sind die großen, wachen Augen mit dem tiefen, sinnlichen Blick. Sie zeigen den offenen – und daher verletzlichen – Menschen. Der Blick weicht nicht zurück, hat eine magische Qualität, die das Gegenüber festhält. Es ist jener intensive Blick, der dem Zeichen Skorpion zugeschrieben wird.

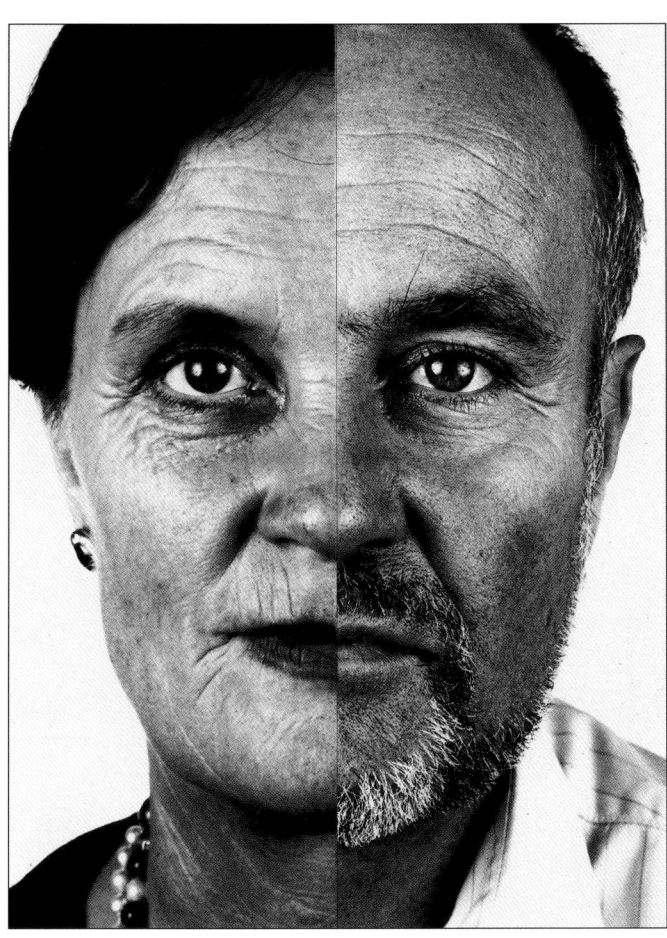

Erstes Bild:
Links: Mutter   Rechts: Antonia

Zweites Bild:
Links: Vater   Rechts: Antonia

Drittes Bild:
Links: Mutter   Rechts: Vater

Skorpionische Kräfte

Antonia ist nicht nur im Sternzeichen Skorpion geboren, sie hat auch vier Planeten im Skorpion: Venus, Mars, Merkur und Uranus. Und der Mond, der für unsere unbewußte und unsere tiefste Gefühlsnatur steht, ist bei ihr zwar in der Waage, aber eng verbunden mit Pluto, nach astrologischem Verständnis Herrscher des Skorpion. Vieles in diesem Horoskop deutet also darauf hin, daß Antonias Leben stark vom Skorpionthema geprägt sein wird. Was ist damit gemeint?

Skorpion – und der ihm zugeordnete Planet Pluto – versinnbildlichen das Thema: »Stirb und Werde«, wie es sich am deutlichsten in den großen Stationen des Lebens ausdrückt. Bei der Geburt zum Beispiel: Das Durchtrennen der Nabelschnur ist das Ende der Einheit von Mutter und Kind, damit beide in eine neue Lebensform hineingeboren werden können. Derselbe Prozeß geschah bereits bei der Befruchtung: Samen- und Eizelle mußten »sterben«, ihre getrennte Form verlieren, aufgeben, damit daraus die Frucht, der neue Mensch entstehen konnte.

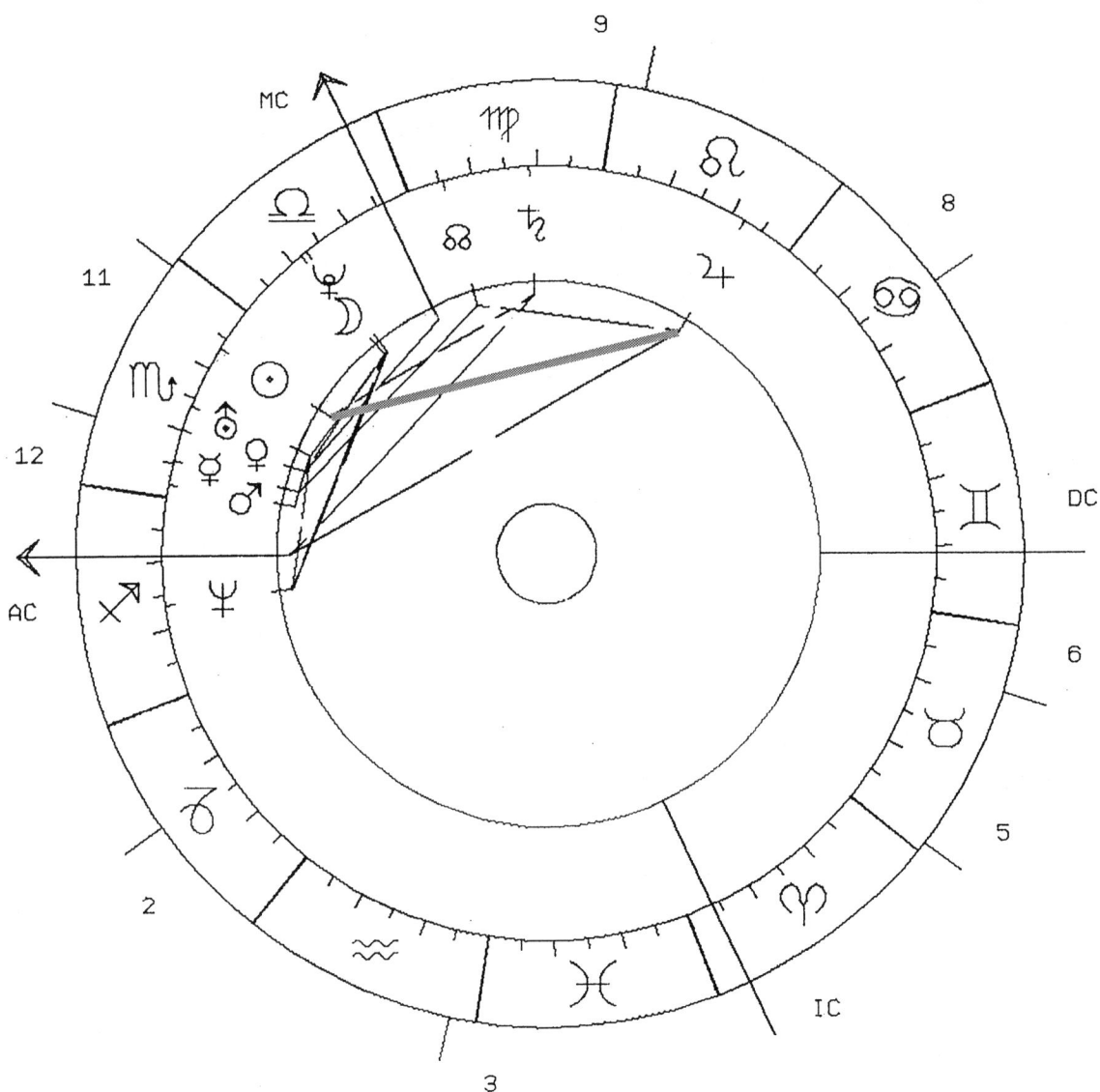

Dieser Prozeß findet auch in unzähligen, alltäglichen Situationen des Lebens statt. Thema für skorpionbetonte Menschen ist, zu lernen, immer wieder ganz bewußt das Ego, vertraute Lebens- und Beziehungsmuster zugunsten von Neuem aufzugeben. Zu sterben, damit etwas Neues, Höheres entstehen kann. Vor diesem immer wieder geforderten Loslassen haben Skorpione zunächst große Angst. Solange sie nicht zu sich selbst gefunden haben, wirken sie daher oft nicht gelassen, eher besitzergreifend, unflexibel.

Skorpionkinder sind selten bequem. Sie lassen sich ungern erziehen, wollen ihren eigenen Weg gehen. Oft suchen sie schon früh nach dem Sinn des Lebens und sind bereit, dafür tollkühne Risiken einzugehen. Antonia war zwar ein angenehmes Baby, jetzt aber zeigt sie ihre volle Skorpion-Power. Wie gut, daß auch hier die astrologische »Vererbung« funktioniert, die Verständigung zwischen Eltern und Kind also leichter fällt: Die Mutter hat einen Skorpion-, Antonia einen Schütze-Aszendenten, beide Eltern sind vom Sternzeichen Schütze.

Bekannt (und gefürchtet) ist die skorpionische Eifersucht. Gerade weil es für ihn um Loslassen geht, klammert sich der Skorpiongeborene oft besonders intensiv an seine Beziehungen. Bei Antonia ist dieses Thema noch verstärkt – Venus und Mars stehen im Skorpion. So sagt sie selbst von sich: »Was ich am wenigsten an mir mag, ist, daß ich so schnell eifersüchtig werde. Bei mir ist die Eifersucht einfach übertrieben, also extrem.«

Übrigens fand ich im Horoskop von Geburtshelfern und Hebammen, mit denen ich als Fotograf zu tun hatte, überdurchschnittlich oft eine Skorpionbetonung. Geburt symbolisiert eben besonders gut das Thema des Skorpion.

Fragt man Antonia nach ihren Berufswünschen, so wird deutlich, daß sie sich schon jetzt sehr für eine soziale Tätigkeit interessiert. »Ich würde auf jeden Fall etwas machen, wo ich Menschen helfen kann, denen es schlechtgeht. Ich möchte mit Jugendlichen arbeiten, deren Eltern Alkoholiker sind oder tablettensüchtig, und die im Heim aufgewachsen sind.« Für Astrologen spiegelt sich dieses spezielle Interesse deutlich im Horoskop (zwei Planeten im 12. Haus). Das soziale Engagement ist aber auch bereits ein Ausdruck für Loslassen von Ego und Selbstbezogenheit.

Wohltuend für Antonia ist ihr Schütze-Aszendent. Skorpionbetonte Menschen neigen nämlich dazu, sich in selbstquälerischen Grübeleien zu verlieren. Sie sind oft unzufrieden mit sich (ein Gefühl, das Antonia schon jetzt mit 15 Jahren stark empfindet). Da wird der großzügige Schütze mit seinem Lebensmut und Optimismus sich noch oft als eine große Hilfe erweisen.

Anfang und Ende

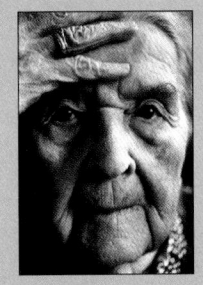

Geburt und Tod

Ich fotografiere gern alte Menschen, ich mag diese vom Leben gezeichneten Gesichter. Das älter werdende Gesicht läßt keine Illusion mehr zu, der Tod kommt näher. Ein besonders eindrucksvolles Dokument stellen für mich zwei Porträts der Züricher Graphologin Marie Aebly-Adolff dar, die am Ende dieses Buches, auf den Seiten 158/159, abgebildet sind. Das linke Foto entstand, als sie 92 Jahre alt und noch bemerkenswert lebenslustig und vital war. Sie freute sich, wenn ich ihr Bilder und Schriftproben von Menschen brachte, die ich fotografiert hatte. Voller Begeisterung erklärte sie mir, was im Schriftbild zu sehen war und wie dies zum jeweiligen Gesicht paßte. Jeder Muskel in ihrem Gesicht steckt noch voller Energie, die Augen sind wach, fast angriffslustig.

Das rechte Foto entstand drei Jahre später. Das Gesicht zeigt nun Hingabe und Loslassen. Die Augen wirken nicht mehr durchdringend, sondern eher bittend. Der Blick ist nach oben gerichtet, weit und offen.

Zwei Monate nachdem dieses Foto entstand, ist Marie Aebly-Adolff gestorben.

Wir wissen, wann wir ins Leben hineingekommen sind, nicht aber, wann wir wieder hinausgehen müssen. Ich glaube, daß Geborenwerden so schwer ist wie Sterben. Wir haben die Geburt geschafft, warum also nicht auch den Tod? Mir fällt dazu eine Geschichte aus dem Fernen Osten ein:

»Nun ist es allmählich Zeit, daß du das Sterben lernst«, sagte ein jüngerer zu einem steinalten Mönch. Dieser antwortete lachend: »Sterben lernen? Das muß ich nicht, das kann ich beim erstenmal.«

Das erschreckend alte, gezeichnete Gesicht der Neugeborenen ist für mich auch immer ein Hoffnungszeichen. Denn in ihm verbinden sich für einen kurzen Augenblick die zwei Pole des Lebens: der Anfang und das Ende. Die Geburt ist auch ein Tod, das Sterben auch ein Geborenwerden.

In allen Religionen der Welt existiert der Glaube an ein Leben nach dem Tod. Sind das Spuren einer Erinnerung in uns? An ein Wissen um die Wiedergeburt, das in allen unseren Zellen gespeichert ist?

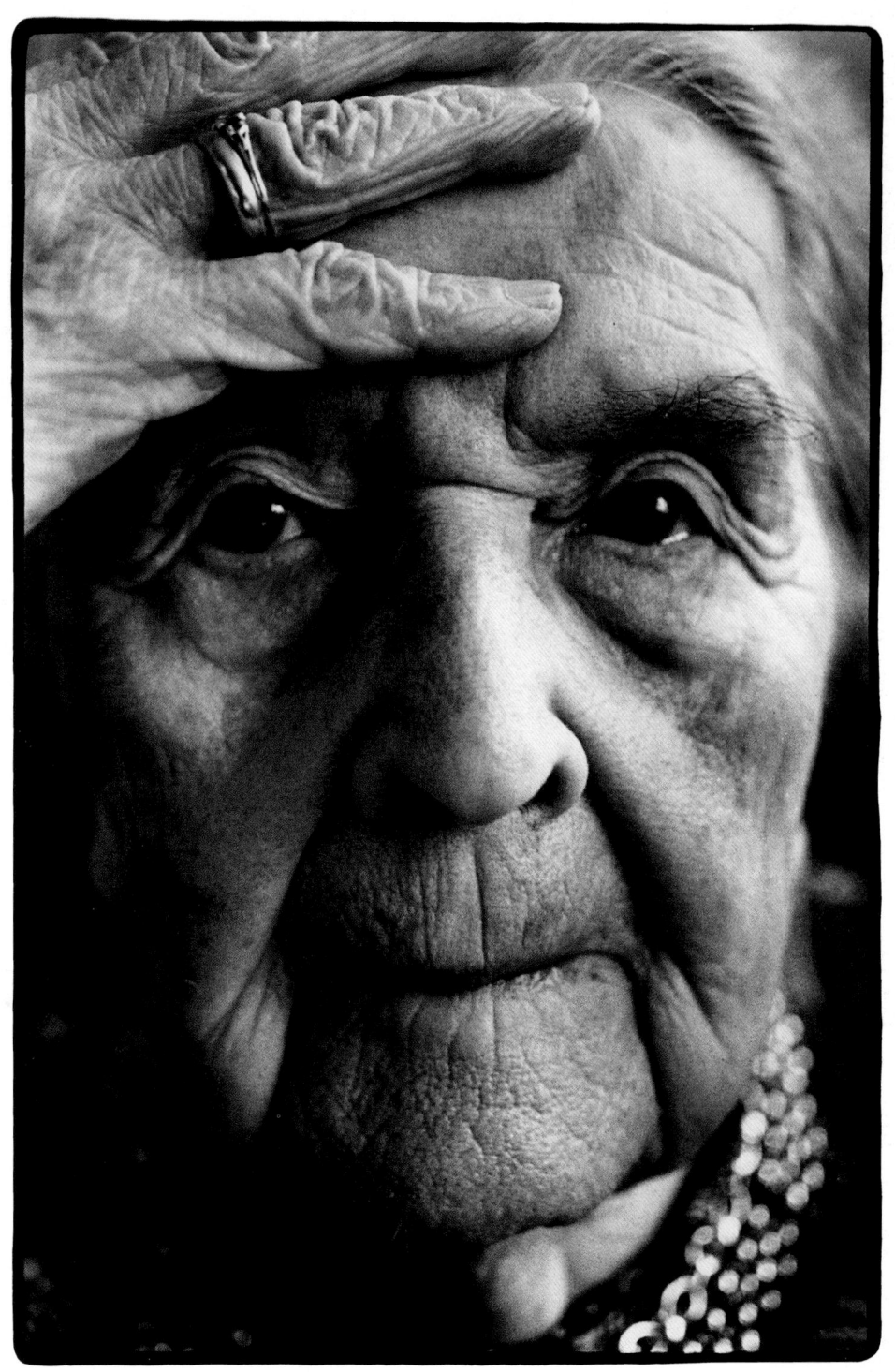

Anhang
Astrologische Symbole

Planeten:

☉ **Sonne:** (Löwe)
Geist. Zentrale schöpferische Antriebskraft. Bewußtsein. Vater

☽ **Mond:** (Krebs)
Seele. Gefühl. Unbewußtes. Instinkt. Gedächtnis. Traum. Mutter

☿ **Merkur:** (Zwillinge und Jungfrau)
Intellekt. Vernunft. Wissen. Sprache. Kontakte

♀ **Venus:** (Stier und Waage)
Verbindungen. Harmonie. Kunst. Genuß. Libido. Liebe

♂ **Mars:** (Widder)
Energie. Wille. Tatkraft. Triebe

♃ **Jupiter:** (Schütze)
Expansion. Bejahung. Lebenssinn. Gerechtigkeit. Weisheit

♄ **Saturn:** (Steinbock)
Konzentration. Verneinung. Materie. Gesetz. Ordnung. Grenze. Gewissen. Alter. Zeit. Schicksal

⛢ **Uranus:** (Wassermann)
Intuition. Erneuerung. Freiheit. »Zufall«

♆ **Neptun:** (Fische)
Auflösung von Ego, Grenzen und Materie. Chaos. Illusion. Mystik. All-Liebe

♇ **Pluto:** (Skorpion)
Verwandlung. Sexualität. Geburt und Tod. Macht und Ohnmacht. Kollektivbewußtsein

Tierkreiszeichen und deren Elemente:

♈ 1. Widder (Feuer)
♉ 2. Stier (Erde)
♊ 3. Zwillinge (Luft)
♋ 4. Krebs (Wasser)
♌ 5. Löwe (Feuer)
♍ 6. Jungfrau (Erde)
♎ 7. Waage (Luft)
♏ 8. Skorpion (Wasser)
♐ 9. Schütze (Feuer)
♑ 10. Steinbock (Erde)
♒ 11. Wassermann (Luft)
♓ 12. Fische (Wasser)